轻松学点管理学

QINGSONG XUE DIAN GUANLIXUE

曹金洪　编著

北京工业大学出版社

图书在版编目（CIP）数据

轻松学点管理学 / 曹金洪编著 . —北京：北京工业大学出版社，2017.6（2018.6 重印）
ISBN 978-7-5639-5179-6

Ⅰ. ①轻… Ⅱ. ①曹… Ⅲ. ①管理学—通俗读物 Ⅳ . ① C93-49

中国版本图书馆 CIP 数据核字（2017）第 012896 号

轻松学点管理学

编　　著： 曹金洪
责任编辑： 曹　媛　钱子亮
封面设计： 尚世视觉
出版发行： 北京工业大学出版社
（北京市朝阳区平乐园 100 号　邮编：100124）
010-67391722（传真）　bgdcbs@sina.com
出 版 人： 郝　勇
经销单位： 全国各地新华书店
承印单位： 三河市金轩印务有限公司
开　　本： 710 毫米 ×1000 毫米　1/16
印　　张： 16
字　　数： 241 千字
版　　次： 2017 年 6 月第 1 版
印　　次： 2018 年 6 月第 2 次印刷
标准书号： ISBN 978-7-5639-5179-6
定　　价： 30.00 元

前　言

什么是管理?

管理是以有效的方法达到目的的具体行为。管理的核心是“人”，建立分工合作的、融洽的人际关系是其重点；管理的对象是“事”，充分利用各种资源以满足人类物质和精神需要；管理的目的是以最高的效率达成目标。

在现实实践当中，管理是最让人头痛的事情，不懂管理，就经营不好企业。杂乱无章、工作无序只能导致低效、耗时，甚至会毁掉公司的事业。换句话说，同样规模的企业，为什么在别人的管理之下企业能蒸蒸日上，而在自己的管理之下企业却乱作一团呢？很显然，这是管理出了问题。

可见管理对于企业来说是重要的，对于企业的管理者来说更是重要的。任何经营成果的取得，都是在管理中应运而生的。为此，掌握管理的妙法，对企业的良好运作和稳步发展至关重要。

为此，我们特推出《轻松学点管理学》一书，本书结合真实、生动的实例，将管理的妙招一一呈上：如何让自己成为榜样？如何让员工心服口服？如何实现与员工的有效沟通？如何把大家拧成一股绳？诸如此类的问题在本书中都能找到答案。本书旨在帮助大家解决管理学难题，让管理者或即将成为管理者的你能够真正认识管理学，并将此中的要义、精髓付诸实践，体会管理学的奥妙，让生活中的烦杂琐事得以有序、高效地进行。这就是本书的目的所在。

当然，管理并不是一朝一夕的事，管理实效的取得也不是立竿见影的，管理学的智慧仅靠书本习得是远远不够的。它还需要我们在社会生活中不断实践与探索。在此，真诚地希望本书在管理方面能够帮助大家，若能如此，编者团队荣幸之至。

目　　录

第三章 战略管理——前行方向的指引

第四章 文化管理——看不见的财富

第五章 人才管理——企业发展的动力

第六章 心态管理——管理中的润滑剂

第七章 品牌管理——两手齐抓质量与市场

第八章 创新管理——永续发展的秘诀

第九章　决策管理——管理的本质

第十章　人脉管理——企业上升的踏脚石

第十一章　竞争管理——优胜劣汰的规律

第十二章　危机管理——悬崖尽头或许是草原

第十三章　管理的智慧——追寻古人的脚步

第一章　自我管理

——每天都是一次修行

管理者与员工在本质上并无太大的差别。但通常管理者都有员工不具备的能力，比如可以整合团队，带领所有人一起走向高峰，最后成就一番事业的凝聚力。工作中，有很多人空有一身抱负，却难成大器，根本原因是他们所在团队的领袖不够好，没能充分发挥每个人的优势。所以，领袖是一个团队的灵魂，只有团队领袖的作用发挥了，企业才可以变得更好。

管理者是企业的望远镜

人往高处走。作为企业顶端的领导者就是如此，他们不断往前看，不断往远处看，就是为了能够让企业在第一时间抓住机会更上一层楼，第一时间发现危机调转方向。

有梦想的决策者必定想成为一个优秀的愿景领导者，愿景领导者是一个标杆，可以带领企业走向更有未来、更具发展的道路，让为此努力的追随者们在这一过程中看到希望，并为了实现这个目标激发他们各自的潜力。

作为一个管理者，在经营好企业的同时也要清楚地明白：每个员工的心里都有一个期待，他们希望看到企业的前景越来越好，看到自己的发展空间越来越大。

光说不行，还要亲身实践。人人都有梦想，不去做就永远都是边梦边想。经营企业也是一样，领导者要用自己的行动实现目标。真正聪明的领导者不会仅凭一个有创意又大胆的想象给员工塑造一个海市蜃楼，而是会用这个设想唤醒每一个不懈追求、有潜力的员工，让他们每天进步一点点，每天都能看到摩天大厦在自己的努力中日渐成型。

在美国市场上抢占先机的本田摩托领导者本田宗一郎，在打开美国市场的同时提出了要在东南亚地区拓展市场，当时的东南亚还处在经济落后的状态，摩托车算得上是高消费的商品。本田提出的战略令下属不解，本田对此做出了解释说：“美国目前的经济呈下降趋势，很快就会迎来摩托车市场的低潮期，如果说我们只把目光放在美国市场，一旦哪一天这个市场衰败我们的危机也就会到来，而东南亚是一个庞大的市场，经济也呈现上升趋势，现在我们必须做好准备。”他的这番话让公司的管理层茅塞顿开，由此，本田也逐渐开发了东南亚市场。

一年以后，果然如本田预想的一样，美国的经济越来越不景气，许多企业的商品销售停滞不前。而本田摩托车已经在东南亚市场开始走红，也创下了很好的口碑，销售量很大，在东南亚市场颇受欢迎，本田公司不仅没有受到美国经济危机的影响，还创下了可观的销售记录。

美国经济危机期间，本田之所以幸免于难，并赢得了新的市场，主要都是因为本田宗一郎的完备的经营战略和愿景计划，他洞察到这场大危机的到来，也预见了东南亚市场这块不错的肥肉，随后当机立断，制定了完善的经营战略。他为管理层描绘出了企业在东南亚地区的销售市场，这种愿景规划很快说服了公司的管理层，并给大家树立了信心，最后创造了惊人的成绩。

所谓管理者，就是要起到领导和激发员工朝着目标方向不断进取的人，决策者在管理当中要善于发挥影响和推动力，在为企业描绘愿景规划的同时也要带领大家为目标行动起来，把握企业的发展方向，提出自己的想法并激发员工的行动力，善于发现并立即解决问题，适时做内部调整防止一系列的问题发生。卓越的管理者不仅要有人格魅力，还要能通过自己的愿景规划得到员工的支持与肯定，并为此付出努力，实现这个目标。

公司的愿景决定了管理者的工作能力，愿景就像是公司的企业文化，有一种特别的吸引力，通过人们对它的期许，使员工能够积极进取，不断为这个目标努力。

企业决策者就像一面旗帜，是企业的标志，也是员工的标杆。他掌握着企业的命运，也承载着员工们的梦想。决策者始终以精神和本质的形式在企业中发挥着作用。有远见的决策者既为自己设计未来也为企业规划未来，并带领着自己的员工实现远大的理想，这不仅是大家共同的目标，也是一个企业决策者毋庸置疑的重大使命。

由此可见，一个领导者想要成为企业的愿景管理者，就要从公司的实际情况出发纵览全局，提高警觉、抓住时机，当机立断确立发展方向，除此之外，还要制定清晰的目标，激发追随者的工作热情和信心，持之以恒地为企业的员工树立积极正确的工作目标。

每一个有远大目标的决策者心里都有一个对企业未来发展的美好期许，也由此赋予自己一份责任。要能在公司的平稳发展中看得更高更远，甚至为企业完善愿景规划，带领企业和员工走出重重叠叠的危机，带领员工奔往更宽阔的道路，为实现远大理想共同努力。

学习聆听他人的声音

有调查发现，在有效的沟通中，倾听比倾诉重要。人们在倾听上花费的时间，超出其他任何一种沟通行为，也就是说倾听是最重要的沟通行为。企业的经营同样需要倾听。管理者在管理企业的时候，需要倾听员工的声音，了解员工的变化和需求。只有具有群众基础的管理者才是合格的管理者。如果管理者不能很好地了解员工，对于员工就只会指挥，那么员工就会对管理者失去信心，从而使管理者失去群众基础，企业的经营运转也会出现危机。

想要沟通，就先要倾听。员工的心中有着非常重的等级观念。因为管理者是上级，员工是下级，管理者高，员工低。所以，员工在这种心理的作用下，会不敢和管理者沟通。而有些管理者认为要管理别人，就要给人一种居高临下的感觉，导致有些下属员工见到管理者的时候总是心里有些害怕。尽管管理者和员工都有倾诉的欲望，但由于这种身份上的不同，造成了心理上位差，使得下属的员工不敢沟通，管理者也不和员工沟通，员工有意见不敢提，有问题不敢问，这种情况就需要管理者采取方法，打消员工的顾虑，拉近管理者和员工之间的距离。

管理者倾听员工的声音，有利于了解和掌握企业发展过程中的更多信息。在和员工进行沟通的时候，管理者可以不时地和员工进行互动，表达对员工说话内容的关注，这样可以鼓励员工充分、完整地表达自己的观点和想法。管理者通过倾听，能够了解员工的性格、态度和想法，在以后的工作中，管理者就能有针对性地对员工进行培养和接触。

一些研究表明：人们更加喜欢善于倾听的人，而不是善于说话的人。被誉为世界上最伟大的推销员乔·吉拉德，就曾经有过因为不注意倾听顾客，而丧失一个客户的经历。

在一次推销中，乔·吉拉德与客户洽谈得非常顺利。可是就在快要签约成交的时候，顾客却突然反悔，最后没有推销成功。晚上，乔·吉拉德按照顾客留下的地址求教。客户见乔·吉拉德非常真诚，实话实说道："本来我已经决定买你的车了，可就在我准备签约的时候，我提到我的独生子即将上大学，而且还提到他的运动成绩和他将来的抱负，我简直以他为荣，可是你不仅没有任何反应，反而盯着你正在闲聊的同事。我一恼就改变了主意！"

顾客的回答提醒了乔·吉拉德，让他认识到了倾听的重要性。后来，乔·吉拉德说："世界上有两种力量非常伟大，其一是倾听，其二是微笑。你倾听对方越久，对方就越愿意接近你……上帝为什么给了我们两只耳朵一张嘴呢？我想，就是要让我们多听少说吧！"在后来的推销过程中，乔·吉拉德非常注重倾听客户、了解客户。企业的管理者同样需要倾听员工，了解员工，从而使企业发展得更加顺利。

有些管理者没有给员工留下好的印象，不是因为他们表达得不够，而是因为他们不注重倾听。人们都喜欢发表自己的意见，所以管理者可以抓住各种机会，让员工将自己的想法表达出来，让员工认为你是一个平易近人、值得信赖的人。这样，员工就会非常努力地工作，企业也会得到很好的效益。如果给员工一个机会，还可以帮助企业进行创新。所以，管理者倾听员工的想法，也是帮助企业成功的办法。

在一期节目中，美国著名的主持人林克莱特对一位小朋友提了这样的一个问题："你长大了想做什么？"小朋友回答说："我要当飞机的驾驶员！"林克莱特接着又给小朋友出了一道有难度的题："如果有一天你驾驶的飞机飞到太平洋上空，所有的引擎都熄火了，你会怎么办？"小朋友想了想说："我告诉飞机上所有的人绑好安全带，然后我系上降落伞先跳下去。"在场的观众很多都笑得不行，只有林克莱特继续注视着孩子。这时候孩子哭着说："我要去拿燃料，我还要回来！还要回来！"

当所有的观众因为小孩子的话发笑的时候，林克莱特并没有笑，而是等待着孩子接下来的回答。可见，倾听是非常重要的。管理者要想有效地倾听，需要掌握倾听的方法，有效地克服沟通的障碍，倾听会成为拉近管理者与员工关系的润滑剂。而管理者想要达到这种效果，就必须提高自己的倾听层次，放下偏见。只有管理者真正地做到了倾听员工的声音，才能和员工建立起良好的人际关系，获得员工的认同和信赖。

偏见是倾听最大的障碍。如果管理者想要和员工之间建立融洽的关系，首先要放下自己的偏见。如果管理者对某个员工预先设定了一个框子，那么不管这位员工说什么，管理者都难以听进心里。所以，管理者要先放下心中的偏见才能更好地倾听员工的想法。当员工提出可实行的建议或者想法的时候，管理者也要及时让这个可实行性的想法变为现实，同时，不要忘记提到是谁的想法。这样可以得到员工的信赖，还能够鼓励员工更好地与管理者进行沟通。

立场和出发点的不同，会让彼此的观点有所差别，所以有些人很难接受别人的观点。如果是意见相同，方向相同，自然会心满意足；如果对方的观点与自己的不同，就会产生抵触情绪，在别人还没表达完自己的观点时，就会"插嘴"发表自己的意见，进行辩解甚至反击。在这种情况下，管理者更要静下心来，不要急于下结论，尤其是否定性的结论。等到员工的意见发表完之后，再经过反复的思考，最后得出结论。

了解自己的极限

虽然在大家看来一个企业的管理者应当是所向披靡的，可以说是全能型人才。其实他也有自己的极限。管理者和普通人一样，也会因为工作上的事情手忙脚乱。倘若管理者一个人做完所有的事，那么员工做什么工作呢？管理者亲力亲为，呈现出来的只是表面的忙碌，实际上所做的烦琐工作没有解决多大问题。不仅如此，公司的效率不是靠管理者一个人的能力提高的，而是企业的员工共同努力拧成一股绳的结果。管理者把工作分配下去，把那些烦琐复杂的工作交给员工去做，自己处理更重要的事，这样才能节省时间，提高效率。

说到这儿，我们不难想象到类似的情景：在一个组织结构和岗位各方面都很清晰明确的企业里，老板下车间给基层工人安排一系列的工作，但是另一边却有重要的商业谈判在等着他；某大公司的副总，为了几张废报纸钱讨价还价，大批的报告在等着他批改；更有甚者，一个公司的管理者每天都忙忙碌碌，可他的员工却没事做跑到咖啡厅喝茶聊天，有的因为长久得不到锻炼，正在想着要不要跳槽。

这些例子都很好地说明了管理者不光要带动大家的积极性，更要清楚知道哪些才是自己的分内之事，凡事都亲力亲为并不是负责任的表现，实际上这是一种管理职业病，阻碍了员工的发展，也削弱了他们的行动力。同时对企业的发展也有非常大的影响。

有些管理者在看其他人做这样的事情时知道该怎样做，但放到自己身上就当局者迷了，一个刚刚跳槽过来的小周就犯了这样的糊涂。

在不久前，小周被一家大型公司录取了，他是以销售经理的身份进入这家公司的。来之前他并不了解这家公司，在应聘的时候看到大家都在埋头工作，这种高效率的氛围他很喜欢，后来乔总在面试时对他说："我们公司的销售经理也要求是全能的。"听后他不理解，直到正式上班才渐渐明白这句话的意思。就在一次考核计划中，小周把制定制度的工作布置下去，制度方案完成以后，组织大家在一起讨论并修改了方案。当把制度方案交到乔总手上时，乔总却只对制度的内容表示满意，还建议让文笔不错的小周去做市场调查、跑电视台、做报告、审报表等工作。当然了，小周也有自己的工作，他需要准备年末评选的演讲稿。但似乎也是因为这家公司的内部管理上出了问题，公司的上上下下整天都忙得不可开交。就拿销售部的经理来说，在年末评选前一个星期就开始准备演讲稿，直到开会的前一天也没有准备好。

这究竟是什么原因呢？原来他是被乱七八糟的工作弄得手忙脚乱，市场调查、跑电视台、做报告、审报表等一大堆的工作让他把准备演讲稿的事情早抛到九霄云外去了。到了评选这一天，他还在想着好好展示一下自己这个销售经理的能力，结果却让他大失所望。同时，公司的员工也因为自己的能力得不到锻炼和施展，纷纷有了辞职的念头。

之所以小周所在的这家公司个个都像得了瘟疫似的亲力亲为，主要就是管理者身上出了问题，大到高层管理，小到小组长，都把烦琐的事情揽到自己身上，最后导致下属没有事情做，另一方面管理者自身的不放权给员工带来了心理压力，他们不但没有锻炼的机会，甚至觉得没有什么事是自己不该做的，归根结底还是公司的人员分配和管理所造成的。

有这样一批领导，整天都忙得不可开交，却没有完成实质性的工作，这是为什么呢？原因就在于管得太宽泛，事无巨细，什么事情都想出来管管。像这样的领导时常会抱怨公司事务繁多、人手不够，可实际上他在下属遇到问题时不去考虑帮助他们解决的办法，而是亲自去做本不该自己做的工作。这种费力不讨好的做法既降低了工作效率，剥夺了员工的锻炼机会，又使管理者的工作不能兼顾，影响企业的销售业绩也破坏管理秩序。作为管理者应当明确自己的重大责任和把握企业发展方向的使命，对企业大方向的把握才是管理者最该做的工作，多给员工实践的机会，让他们的能力得到锻炼，潜力得到挖掘和施展，本着基本管理原则，避免企业内部管理出现不必要的纰漏，是管理者的基本任务。对于重大事情的处理上要把握机会，这是关系到企业发展的重要因素。有时候亲力亲为是不信任下属工作能力的表现，也无法使员工们团结协作。管理者越是想把所有的事情都做好，往往越容易觉得力不从心，人人都有自己可以胜任的工作，大家要做好分内的事，不要打破井然有序的工作节奏。

有这样一个管理者，他不愿把工作交给员工去做，只有自己亲自完成才放心。每天他都从早忙到晚，却从不见业绩有起色。最后迫于压力，他去看了心理医生，医生带他走到一个墓碑前说："这里的每一个人在活着的时候都觉得这世上的每一件事离开了自己不行，可是结果在他们去世之后，世界上的各项工作都在有序地进行着，甚至变得更好。"这位管理者听后茅塞顿开，从此，他把任务布置下去，让员工放手去做，自己做好分内的，不但自己的工作压力减轻了，还有时间去各地游玩。短短一年的时间，他的团队就取得了许多不错的成绩。

其实管理者的亲力亲为表面上看似乎没那么严重，实际上却像是一个陷阱，在管理者因此犯了错误时，他的这种做法很难帮到他。在管理者自己意识到没有必要亲自去做这件事情的时候，就可以认定这个管理者已经知道亲力亲为带来的不良影响，也有机会反思自己的行为，寻找解决的办法，这是一个好的开始。

做一个有威信的人

有很多管理者都抱怨自己的下属不听话，有的甚至在大庭广众之下顶撞自己，这都是因为管理者没有在员工心中树立威信。一个管理者没有威严，在组织当中就很难展现出自身的作用。就像领军人物没有了旗帜一样，团队工作就会一片混乱，下属有可能把管理者安排的工作当作耳旁风，左耳进右耳出，在工作管理中更不要谈什么效率，无效的管理者不会给公司带来效益。

权力与威信相比哪个更重要？一定有人说是权力，那就大错特错了，事实上威信才是获得成功的关键。一个成功的管理者必须具备驾驭和领导能力，也就是说必须具备威信力。

那么如何才能拥有威信呢？拿破仑·希尔认为威信来自于领导者的人格魅力，所以必须从各方面入手，全方位提高自己的人格修养。

1. **要做一个诚实守信的人。**

俗话说“人无诚信不立，家无诚信不和，业无诚信不兴，国无诚信不宁”，说的就是这个道理，作为企业的管理者要诚实、讲信用，这是一个管理者必须具备的要求。

有这样一个故事。三国时期，有一次诸葛亮带领10万兵马对抗敌军的30万精兵。

当时这10万人中有4万人服役期满，可以解甲归田，为此蜀军的将领很是担心，服役期满的老兵心里更不是滋味儿：眼看就要作战了，一把年纪的想回家养老都是奢望。

为了不动摇军心，将领们纷纷提议：虽然服役期满，但大战在即，现在让他们回家也得不到安稳，要以国家的利益为重，打完仗再让他们告老还乡吧！可是这些建议都被诸葛亮否决，他告诫将领们：“治理国家，诚信是根本，承诺别人的事情就必须做到，这些老兵为我们作战出了不少力，如今到了复原的时候，我们更不能失信于人。”于是让将领们下达命令，让老兵回乡。老兵们听后万分感动，决定留下来继续作战。将士们都热情高涨，为作战做了充分的心理准备。

此后出兵祁山，虽然最后没能获得预期的战果，但却以少胜多，击退魏军，在不利局势下顺利撤退。

只有讲信用的管理者才能受到大家的拥戴。现在我们假设诸葛亮不是一个通情达理的人，不讲诚信，留下那些服役期满的老兵，说不定在作战之前会有更多的人成为逃兵。而最后能全军平安撤退，都是因为诸葛亮的诚实守信打下的基础。

2. 要做一个真诚的人。

在员工遇到问题时，就是发挥管理者作用的时候了。在员工生病时，贴心的问候倒不如拿给他一盒药来得实在；对于家里有困难的员工，也可以在工作上多多帮助他；若是员工的情绪不好，还可以约他在安静的地方聊聊天，放松一下心情。其实就是这样简单的行为便会提高员工的工作热情。

3. 要做一个自律性强的人。

在企业管理中，领导者无论在对工作的积极性上，还是在各项规章制度的执行上，都应当维护好自己的形象，发挥领导者重要的作用。

对待员工，生活中要亲切友善，但回到工作中就要保持正常的上下级关系，严格按照工作的规章制度办事，在员工中间树立威信，否则难以服人。

4. 做一个公平公正的人。

工作上，尤其是在各项评选工作中要做到公平公正，凡事都要按规章制度处理，以防徇私舞弊。虽说这世上没有绝对的公平，但存在相对的公平，企业的管理者扮演的就是工作中的天平，只有做到公平公正公开，才能获得员工们的信任，同时有利于提升自己的威信。

5. 要做一个和和气气的人。

只有为人温和的管理者才能使自己的团队一团和气，员工们和气了才能一鼓作气、团结一心。可不要小看这一点，管理者往往凭借自己的个人魅力和温和的性情就能赢得员工的拥戴。态度很重要，用什么样的态度对待别人，得到的回馈也是一致的。松下幸之助曾说：“谦和的态度常常会使别人难以拒绝你的要求。这也是一个人无往不胜的要诀。”管理者永远不要炫耀自己的地位和权力，反而你对待下属越是谦和，就越是能够赢得支持，别说是员工，又有谁会喜欢一张整天紧绷的脸呢？

要与下属做朋友，而不是对手，不要板着一张脸显示自己的威力，震慑别人，事实上这样只会渐渐疏远彼此的距离。下属可能会委屈一时，可是一旦找到新的出口，就不会再为你工作。

6. **要做一个以能力服人的人。**

以能服人的“能”指的是管理者的工作能力，决策能力，分析、解决问题的能力，还包括沟通、管理、领导及处事能力等。有能力的管理者能够维护好团队的各项协调工作，善于调动起员工的积极性，激发他们的工作热情，提高整体的工作效率，不仅能使大家保持愉快的心情完成工作，也有利于增加员工对管理者的信任和肯定。

管理者要不断学习，涉猎更多的领域，丰富自己的知识储备。随着时代的发展，员工的知识水平普遍很高，所以作为管理者的知识储备更不能成为自身的短板，否则很容易令下属不服气。

尤其是所属专业内的业务能力，不能模棱两可，要达到精通的程度。其实很多管理者在初涉某个行业之前并不是很熟悉这方面的工作，没有什么捷径可走，只有在短时间内迅速熟悉业务，多花些时间学习，才能成为专业能手。

有威信的管理者除了需要有知识储备、专业技能，还有就是为公司创下的业绩，管理者有没有傲人的业绩将决定能否得到员工的钦佩和爱戴。

选择合适的方式与员工沟通

下午3点到3点半，正是工作的黄金时间，员工争分夺秒地工作，电话铃声与键盘的敲击声此起彼伏，甚至应该是忙得连倒杯水的时间都没有，这才是企业的正常情况。然而，在这个时间段的外企，居然还有人完全不在工作的状态，不仅没有努力工作，还三三两两地端着咖啡或红茶，有的面前还摆着西点和水果，在一起说笑聊天，或者翻看杂志。这是欧美外企给予员工的特殊福利——下午茶。

下午茶，是公司给予员工的一段额外的、可以自由休息的时间。在下午茶的时间里，员工们可以让自己紧绷的神经放松一下。有研究表明，下午茶有利于增强人的记忆力和应变能力，有喝下午茶习惯的人，会比没有这个习惯的人的记忆力和应变能力高出 15% ~20%。企业为员工提供下午茶，不仅可以体现出企业对员工的关怀，还有利于在企业中构建一种非正式沟通的环境，让员工们可以在精神紧绷之后畅谈一下。

很多企业的管理者，想要征集员工的意见，方法就只是开会，没有其他的方式渠道来征求意见，其实，开会的时候，管理者往往并不能很好地知道员工心中的想法，最终得到的意见和建议都不是非常好。即使管理者让员工畅所欲言，也很难挖出员工心里的想法。这种过于正式的沟通方式，会让员工在心中有所顾虑，好多内心的想法根本不可能说出来，而且，管理者想要研究的问题根本谈不透，得不到很好的建议，管理者内心沮丧，还会给员工带来无形的压力。

杰克·韦尔奇有“世界第一 CEO”之称，他的管理方法就非常具有特色，还非常的有成效。其中，“便条式的沟通”就是经典之一。

韦尔奇在担任 GE 公司（通用电气公司）执行总裁的几十年里，每天必做的事情就是亲自给各级员工甚至员工的家属写便条。便条的内容也非常的简单，征求一下员工的意见，关心员工的生活、业务发展的情况等，语气非常亲切，从不例外。员工们也非常珍视韦尔奇的便条。不仅如此，韦尔奇还会突然地造访某些工厂和办公室，与员工共进午餐。韦尔奇通过这种非正式的方式，让员工感受到他的存在，也让员工可以更加自由地说出自己心中的想法，以获得对公司发展有帮助的信息。

韦尔奇曾经说过："我们已经通过学习明白了沟通的本质。真正的沟通是一种态度，一种环境。它是所有流程的相互作用。它需要无数的直接沟通。它需要更多地倾听而不是侃侃而谈。它是一种持续的互动过程，目的在于创造共识。"在韦尔奇看来，沟通需要真诚，韦尔奇用便条与员工进行沟通，将管理者与员工的关系定位于平等的人与人之间的沟通关系，让员工可以直接随意地对话。这种非正式的话语比起那些正式的沟通效果更加明显，更能达到发展公司的目的，同时还可以获得员工的信赖和忠诚，让企业发展得更好。

非正式的沟通可以取得很好的效果，原因就是能够让员工时刻感受到管理者的存在。当员工的心中认为管理者富有人情味，关心员工，了解员工，尊重员工，非正式的沟通才会畅通无阻。也正是因为非正式沟通之后有了互相理解，才能让企业中的管理者和员工得以紧密地合作，为企业的发展创造一个良好的工作环境。

随着社会的发展，非正式沟通被企业的管理者广泛认可，沟通的形式越来越丰富。很多公司纷纷采用了具有自身特色的沟通方式。比如，英特尔公司的网络开放式沟通，员工可以和管理者进行网络面谈，并且谈话的内容可以由员工来决定；摩托罗拉公司采用的是总裁和各级经理的"每周一信"，广泛进行沟通，讨论公司的事宜，征求员工的意见和建议；三菱重工的企业员工，则会举行"周六例会"，以聚会的方式进行沟通。

非正式沟通备受企业管理者青睐的原因，就因为它将管理者和员工放到了对等的位置上，通过放松的心情和自由的环境，平等地进行沟通，在这种环境和氛围下，员工能够放松自己，敞开心扉，向管理者吐露心声，说出内心的想法，提出中肯的意见和建议。

管理者可以自由选择非正式沟通的方式，比如和员工在一起闲聊，吃饭的时候和员工进行交谈等。非正式沟通便于更好地沟通，而且沟通的内容很广泛，方式也非常灵活，不需要管理者和员工刻意去准备什么，而且非常的及时，当问题发生以后，管理者立即就可以和员工进行简短的沟通，很快解决问题。当员工察觉到管理者可能要进行交谈的时候，难免会有一些防御心理，所以，管理者首先要做的就是打消员工的戒备心理，让员工能够更好地说出想法。

非正式沟通可以通过聊天的方式来进行。聊天不会让员工紧张和严肃，有利于员工更好地说出心声。管理者对员工的信任和坦诚是聊天的前提。所以在聊天的时候，管理者不要随性而为，那样的沟通只是一个形式，根本不会有任何的效果而言。

聊天的目的就是为了更好地收集对企业发展有帮助的信息，所以管理者要坦诚，不能隐瞒，更不能利用聊天来骗取员工的信任，一旦被员工发现，那么企业的运行就会出现困难。在与员工聊天的时候不要说一些不利于企业发展的话，这样会产生一些负面的情绪，影响员工的工作。作为管理者，要通过聊天传播积极向上的信息，掌握好分寸。管理者向员工传递了正能量，员工会将其转化为自己正能量，积极向上地投入工作中，为企业带来更好的效益。

积极鼓励员工创新

现代企业的发展中，最需要富有创新能力的人才。这样的员工不仅善于发现问题，还善于解决问题；不仅能够独立创造，还能与人合作；不仅学习能力强，还能对学习到的知识和技能进行改革创新。管理者要抓住员工这样的特点，鼓励员工，激发员工的创新意识，使员工始终都具有创造精神，不断进取，不断地创造。管理者还要充分挖掘和发挥员工的创新能力。让员工的创新可以应用到企业的运转中，从而为企业收获效益。所以，对于企业的管理者而言，开拓发展员工的创新意识是非常重要的。

对于企业来说，员工的创新思维也是企业成功的重要因素之一。有些企业，管理者明白创新的重要性，但又在有意无意地压制员工的创新。实际上，员工的创新思维是需要培养的，管理者应该不停地鼓励员工积极创新，这样，还可以提高员工对企业的忠诚度，让员工的工作成就感增强，信心增加。企业的经营，并不是管理者一人说了算的，还需要群众基础。群众的智慧，往往比一个人的智慧要强大很多。管理者积极地鼓励员工进行创新，不断地让员工参与创新，这样，才可以帮助企业运转，让企业在激烈的市场竞争中保有优势，不会被市场淘汰。

3M公司营销的产品多达6万多种，从心肺仪器到人造韧带、砂纸和胶黏剂再到隐形眼镜等，还有创可贴、防护胶带、超级捆绑胶带，等等。3M公司将革新观念看得尤为重要，将它视为公司成长的基础，新产品是公司生命的血液。3M公司每年要开发的新产品高达200种。也正是因为这种注重革新的精神，使3M公司连续几年成为美国最受人羡慕的企业之一。3M公司每年研发的新产品，都是经过创新而来的。创新，给企业带来了成功的保障，同时也为企业带来了很好的效益。

当然，任何一件新产品都不是凭空产生的。企业员工不断创造，公司也努力营造一个创新的环境。3M公司每年要投资约7%的年销售额，用于研究和开发。与一般公司相比，3M的创新投入相当于一般公司的两倍。所以，3M公司的产品得到消费者的喜爱并不是没有道理的。投入的多，收获的也多。

3M公司鼓励每一位员工发挥创造力，开发新产品。其中最著名的是3M公司的"15%规则"。这个规则鼓励公司的每位技术人员用15%的时间来搞个人感兴趣的工作方案，甚至不管这些方案是否直接有利于公司的发展和收益。当员工产生一个有希望的创意点子的时候，3M公司就会组织一个冒险队负责培育产品，并且保护新产品免受公司的调查。队员贯彻产品开发的始终，直到产品成功或者失败，才会回到原先的岗位上，然后继续研发其他的新产品。3M公司每年都会把"进步奖"授予那些在美国或者世界上有成就的冒险队，也正是因为3M公司的这种鼓励，促使他们的员工创造出了更多新的产品。

管理者要知道，企业想要获得更大的成功，就需要不断地创新，不断地尝试成千上万种构思。任何的成功都是建立在错误和失败的基础上的。如果你不犯错，不构思，不创新，就不可能成功，也就不会做出任何事情来。3M 公司许多的错误最后都成了最成功的产品。3M 公司有这样一个故事：有个化学家在一次偶然的实验中，把一种化学混合物不小心溅到网球鞋上。过了几天，化学家发现溅有化学混合物的球鞋部分没有变脏。后来，这个化学混合物成了斯可佳牌织物保护剂。

3M 公司科学家西尔维想开发出一种具有超强黏度的黏剂，但是研制出的产品都不是很黏。研究工作过去了几年，依旧没有什么进展。3M 公司另一个科学家弗赖伊遇到了一个问题，在诗集中做记号的小纸条常常掉出来，于是他在一张纸片上涂了点西尔维博士的弱黏胶。纸片很好地黏在书上，并且撕下的时候也没有将诗集弄坏。就这样，3M 公司再一次成功地研制出可贴便条纸。现在，可贴便条纸已成为全世界办公设备中最畅销的产品了。

所以，作为一个企业管理者来说，想要开拓员工的创新思维，首先要客观地对员工的创新活动进行评价。这样可以体现出管理者对员工的尊重。而这种尊重也表示了管理者对员工创新活动的支持。管理者也不必担心客观评价会打击员工创新的积极性，对一些不认同或者不可行的建议同样大为赞赏，员工用心地去做了，但最后效果却不理想，这样才是真正的打击员工的积极性。其次管理者还可以鼓励员工工作以外的创新。可以让员工在完成自己的工作职责之后，对自己感兴趣的领域加以创新。员工在自己擅长的领域提出的建议，或许就会给公司带来不同角度的思考和收获。最后，管理者可以采取各式各样的活动鼓励员工创新。管理者可以在公司设立创新奖，奖励员工提出优秀创新建议；还可以组织讨论活动，让员工对于需要改进的地方提出各自的意见，大家一起讨论等。

只有让创新成为企业的日常工作之一，才能更好地培养员工的创新思维。要让创新成为企业的一种长远发展的能力，管理者就需要激发员工的创新思维，让员工对工作有热情。企业在现今的社会中发展，如果不创新不革新，就会被市场无情地淘汰。企业的创新已经越来越重要了。不创新的企业是不能经营长久的。而企业的创新大多数从员工中得来。所以，管理者要充分调动企业员工的创新思维，让员工积极地参与到创新中去。这样，企业才能得以长久发展。

打造和谐团队

企业的目标就是企业发展的方向，但是团队的合作才是成功的关键。在团队中，管理者不仅要制定正确的发展方向，把握机会，还要打造出合适的团队组合，让团队合作为企业的成功做保障。每个人都有自己的长处和优势，但也肯定有短处，每个团队都优势互补，取长补短，使团队具有整体优势，更有利于实现企业目标，打造出这样的团队才有利于企业的发展。

唐太宗时期，著名的“贞观之治”可谓创建了一个辉煌的时代。“贞观之治”的辉煌，与唐太宗的善用人才，打造合适的团队是分不开的。唐太宗发现，房玄龄在安邦治国的问题上，能够提出许多独到的见解和具体的解决办法来。但是，房玄龄却不善于整理自己的想法，也不能很好地定夺。而杜如晦虽然不善于思考，但却善于对意见进行周密的分析和总结，决断精准。于是，唐太宗把他们二人搭配起来合作，辅佐朝政，最终取得了“贞观之治”的成功。

优秀的管理者善于发现身边员工的优势，清楚地知道其劣势所在。并能够对员工进行优劣互补的搭配，让员工可以更好地创造效益。在企业中，员工的长处就是优势所在，管理者要让员工充分地发挥自己的才能，而不是只看员工的短处，抓着不放。管理者想要企业成功，就要在企业中建立合适团队，让团队的作用发挥到最大，帮助企业实现效益的最大化。

1999年，李静遇到了戴军。

那个时候的戴军穷困潦倒，发过唱片，但是卖得不好，他在家待着，充斥着郁闷。而当时的李静，比戴军还惨，为了做节目，把自己所有的积蓄都拿了出来，还向身边的亲戚朋友借钱，虽然节目的反响不错，但她却被骗了，随着节目的录播，她的负债也逐渐增加，甚至连房子也抵押出去了。

生活不是电影，李静和戴军唯一有的就是话筒。在那段艰难的日子里，李静喝醉过，哭过，病过。但是戴军，一直在她的身边，不离不弃，他们相互搀扶，相互打气，没有不愉快。李静和戴军的默契，是随着时间形成的。他们在一起共事这么多年，默契自然而然就磨合出来了，到后来，他们会在节目中不约而同地说出一句一样的话。

李静说："我和戴军不是合作伙伴，是搭档、朋友以及亲人，他是我女儿木耳的舅舅。在《超级访问》的内部网站，有一张木耳与戴军的合影，一大一小，一男一女，不约而同地都把拳头伸进嘴里，当然是大拳头塞大嘴，小拳头塞小嘴，都瞪着天真的眼睛。一家人就是这样的，再不需要其他的证据。"搭档二十几年，两个人的情谊和默契早已不是别人一朝一夕就能够相比的。

有人问过戴军："如果有来生，你希望和李静是什么样的关系？"戴军沉默了片刻，很严肃地说了4个字："还是搭档。"

李静和戴军之间的默契，是二人在同样境遇的时候，惺惺相惜，一起走过艰难的日子中形成的。他们二人也是最佳的搭档。李静大大咧咧，戴军反而比较细腻，所以才会让两人的合作默契无比，一起走了这么长的时间。默契的搭档，优劣互补的搭档，可以让企业的效益更好，李静和戴军就是很好的例子。他们的节目之所以这么受欢迎，这么红火向上，就是因为他们二人的默契配合。

在团队中，不仅要有员工个体的优势，更需要有最佳搭档优势。没有缺点，什么都优秀的人在现实生活中是很少的，大部分人有自己的优势和劣势，这就需要管理者发现员工的优势，打造最佳的搭档，使其成为优秀的团队。最佳搭档互补的方式有很多，但是在企业中，管理者遵循以下几点，就能够打造出最佳的搭档。

1. **知识互补**。

不同知识层次的人考虑问题的方式和方法是不同的，将他们组在一起，可以互为补充，更全面地思考问题，取长补短，获得最佳的方案。知识上的互补，可以让员工在考虑问题的时候听一下他人的意见，了解自己考虑欠缺的方面，从而全面地分析问题，更好地解决问题。

2. **能力互补**。

管理者可以在能力类型、大小方面实现员工的互补，那么整体的实力就会相对稳定，不会有太大的差异，形成优势，这种能力结构就比较合理。管理者了解员工擅长的领域在哪里，让员工不足的方面得到补充，也可以促进员工的自身完善，帮助企业提高整体的水平。

3. **性格互补**。

每个人都有自己的性格，而且性格差异是很大的。每个人的气质和性格都有不同。有的人脾气急，有的人慢性子，这个时候，管理者就要将互补的两个人组合在一起，脾气急的人做事考虑不全面，慢性子的人缺少决断力。所以，将他们两个人组合在一起，可以更好地、更全面地考虑问题。每个人不同的性格特点往往可以与他人做到互补，从而使企业中形成一个良好的整体人际关系，搭档的作用也会很好地发挥出来。

4. **年龄互补**。

家有一老，如有一宝。这句话应用在企业发展中也是不为过的。老年人有老年人的优势，他们经验丰富，经历的事情多，能够很好地看到问题的本质，对于问题的分析也比其他人全面；青年人有青年人的优势，年轻人接触新鲜事物的机会多，接受能力也强，敢于冒险，敢于去发现新的事情。不同年龄段的互补，可帮助企业实现人力资源的合理搭配，使企业焕发活力。

当然，搭档的互补并不仅是这些，管理者还要根据企业自身的实际情况，具体问题具体分析，打造出最适合企业发展的搭档。

管理者需要做出表率

子曰："其身正，不令而行；其身不正，虽令不从。"这句话的意思是：管理者只有自身修正，不用命令，员工也会行动起来；如果自身不修正，即使有命令，员工也会不服从。企业的管理者只有做到自身修正，企业内部的机制才会有条不紊，只有以理服人，员工才会对管理者心服口服。然而，有很多的管理者不修正自身，想靠规章制度约束员工，要求员工去遵守，自己却不遵守这些制度，这样的团队迟早会解散。

企业中，如果管理者能够率先做出示范，以身作则，努力工作，严格地遵守规章制度，那么这种精神也会感染企业里的员工，在企业中形成一种良好的工作氛围，可以帮助员工更好地工作。管理者不仅是员工的领导，更应该是员工的榜样，为员工树立良好的榜样，让员工更有激情、更有动力地工作。

电视剧《亮剑》的主人公李云龙每次打仗的时候都冲在最前面，他说："如果我不带头冲锋，那么战士们怎么会毫不犹豫地奋勇作战呢?"李云龙这种以身作则的激情影响着每一个战士，让他们在打仗的时候都有动力。优秀管理者想要加强员工的自我管理，首先就要做好自我管理，成为下属的榜样。优秀的管理者不是命令员工去做什么，而是没有命令，员工就会去做什么。当管理者成为员工的榜样时，员工就会从管理者那里得到很大的动力，能够更加努力、积极地工作。

成功的企业肯定拥有一个优秀的组织。在组织中，管理者善于挖掘员工的潜能，帮助企业实现效益。但是，更重要的是，组织的管理者也能够做到以身作则，成为员工的榜样，榜样的力量是不可小觑的。一旦员工的心中有了目标，有了动力，工作就会完全投入，企业的目标也更容易实现，能够更长久地发展下去。

日本企业家土光敏夫说：“领导以身作则不仅能为企业带来巨大的经济效益，而且还是企业培养敬业精神的有效手段。”东芝电器在世界上也是屈指可数的著名企业之一。但是，东芝企业也曾出现过重大的失误，面临倒闭的困境。

东芝濒临破产，企业把希望都寄托在土光敏夫的身上。土光敏夫担任了东芝企业的董事长，帮助东芝企业起死回生。当时有员工向他反映，有一笔生意，由于买方的经理经常外出，一直都无法谈成。土光敏夫听到后，决定亲自去试试。

第二天，土光敏夫来到那位经理的办公室。果然没能见到那位经理。但他并没有走，而是坐在那里等经理回来。过了好久，那位经理才回到办公室，他看到土光敏夫后很抱歉说：“对不起，董事长先生，让您久等了！”土光敏夫不仅没有不耐烦，反而面带微笑地说：“经理你工作繁忙，说明贵企业生意兴隆，我理应等候。”那位经理看到东芝企业的董事长亲自上门洽谈，觉得非常的有诚意，于是很快就谈成了交易，并决定今后长期合作。

土光敏夫在工作中严格地要求自己，每天都是第一个到公司，从来没有请过假，也从来没有迟到过。他以身作则的精神深深地感染着东芝的员工，员工们也像土光敏夫一样严格要求自己。领导的以身作则对员工会产生巨大的激励，领导的以身作则永远是激励员工的最佳方法。管理者以身作则，给员工树立榜样，员工也会像榜样那样，更加努力工作，这也是东芝成功的重要原因。

管理者做出积极正确的示范，员工的工作积极性就会被极大地调动起来，有利于激发员工努力向上的激情；相反，如果管理者不率先做出示范，只是一味地督促员工，让员工工作，自己放松，势必会降低员工工作的热情，时间一长，员工对管理者也会产生抵触的情绪，对企业未来的发展也会失去信心，企业就会面临困境。管理者可以拿出自己的激情，以身作则，一心一意地投入工作中，为员工树立榜样。只有管理者努力地工作，带头遵守规章制度，为员工做好榜样，员工才会像管理者那样努力工作。

企业中，管理者要做的事情有很多，但是，充分地调动员工工作的积极性是非常重要的。管理者在企业中应以身作则，为员工树立榜样，让员工知道，不仅员工在努力工作，为企业发展做贡献，管理者同样在努力工作，为企业的发展打拼。这样一来，员工自然就会有工作的动力，也能够更好地为企业的发展献计献策。管理者将自己的热情传递给员工，也是一种激励员工的方法。

管理者在企业中身先士卒，为员工做出榜样，员工就会跟着管理者的脚步去实行。榜样的力量是无穷的。一个令人信服的企业管理者，身体力行比什么都重要。但是，有的管理者往往是相反的。一些管理者告诉员工不能迟到，自己却十点都还没有到公司；还有一些管理者批评员工上班时间网购浪费时间，自己却在下午的时候淘宝。这样的管理者往往是不得人心的。

作为企业的管理者，不仅要激励员工与你一起工作，达成目标，实现效益，还要能为员工树立榜样，让员工跟着自己的步伐走，让员工知道，管理者和员工一起努力，一起遵守规章制度，没有特例。员工对于管理者的行为赞同，也会让自己像管理者一样做，企业的发展就会更加长久，目标也会逐一实现，企业取得的效益也就会越来越好，企业的发展更会越来越顺畅。

提高自己的人格魅力

作为企业这艘大船的关键掌舵人，领导者一定要具备一些别人没有的“超能力”，这样才能保证企业的正常运转，才能在企业遇到麻烦的时候力挽狂澜，才能让企业安全快速地跑在行业的最前面。那么，领导者都需要哪些“超能力”呢？

1. 团队设计能力。

一根筷子容易被折断，一捆筷子就很难能折断；一个人只有一种想法，一群人可能会有几十种想法。作为领导者一定要具备团队组织与设计的能力，根据想要达到的目标效果来挑选团队成员，在综合考虑之后按照成员的能力与目标的匹配度进行组合，将团队的能力最大化。

2. 合理构建人力资源。

领导者并不是按员工数量的多少来对他们做出规划，而是按照员工的自身素质来进行规划。每个人都需要也都希望自己能有一个可以充分施展才华的舞台，也都希望自己能快一点找到那个适合自己的位置。这时候领导者就必须要建立一个非常合理的结构，能保证让每一名员工都能在适合自己的岗位上最大限度地施展才华、发挥作用，让每一个人都能为企业尽一份自己的力量。这个合理的结构即员工能力与岗位之间的合理配置，只有将这一点调整好，整个团队整个企业的成员之间才能相互配合，发挥出最佳的整体效果。

3. 明确阶段目标的能力。

企业发展过程中在每一个阶段都有不同的阶段性目标，如果没有明确的目标，员工们就会很容易陷入迷茫，不清楚自己下一步该做什么，该如何做。同时企业的管理层也就没有能衡量工作成效的标准，所以这时候领导者所要做的就是针对不同阶段企业的实际情况，同时结合当时的行业情况综合考虑之后制定出一个或几个目标。这个目标可能是概念性比较强的，也有可能是比较具体的，但都应是能对企业发展起到积极推动作用的。

4. 激发员工斗志的能力。

要想使团队为实现同一个目标奋斗，领导者就必须要拥有能够激发员工斗志的能力。高昂的士气是实现团队目标的一个必不可少的重要条件，同时也是群体能力的一种体现。想要将员工们的士气激发出来，领导者首先要慷慨激昂地做一番演讲以调动起员工们的积极性，然后还需要对员工进行毫无保留的夸赞，不要小看夸赞，在正确的时机下夸赞员工往往会起到意想不到的效果，另外领导也要以身作则，为员工树立榜样在心理上激励他们。士气激发出来了，做事情便会有势如破竹的冲劲儿，这样一来企业怎能不生龙活虎呢?

5. 及时发现和处理矛盾的能力。

员工之间免不了会因为一些事情而产生矛盾，作为企业的领导者就相当于大家庭里的家长，要想使家庭和谐就一定要重视这些看起来并不怎么严重的矛盾，要明白“千里之堤毁于蚁穴”的道理，所以作为领导者就必须要拥有一双慧眼，能够及时发现矛盾，并在第一时间解决。

在发现矛盾之后首先要考虑的问题，是自己应该在什么时候介入纷争中去。判定的标准就是，会不会给公司带来不好的影响。如果感觉到这个问题很有可能会给公司带来负面影响的话，就需要立刻介入了。同时介入的方式也特别重要，如果只站在领导的角度去判断谁对谁错，然后告诉双方应该怎样解决的话是不能从根本上将问题解决掉的。最好的办法应该是，先与双方就这件事进行交谈，耐心地听双方表达自己的观点和立场，然后再尝试帮助他们对矛盾的起源进行细致的分析，再对解决的办法进行探讨确定出最合适的一种，最后大家一起坐下来把事情聊开，将心结都打开。如果能让员工之间和睦相处，那对于企业的发展来说是功德无量的。

6. 做正确的事的能力。

克林顿与布什做完政权交接后，克林顿意味深长地对布什说：“记住，在政权交接之后，你只需要做你认为是对的事情。”这句话很精确地表达了管理和领导之间不同的特点。领导需要做正确的事，而管理是要把事情做正确。作为领导，要在员工们认识一些客观规律之前将这些客观规律把握好，判断出对错与否然后再指导手下做正确的事。

“没有金刚钻别揽瓷器活”，领导并不是那么容易当的，他需要拥有一般人没有的“超能力”，才能将企业支撑起来，才能领导这个庞大的队伍向更好的未来发展。

选择自己最精通的领域

宜家家居创始人英格瓦·坎普拉德曾说：“在做专的基础上才能做精，在做精的基础上才能做好。”作为企业领导者他的知识面一定要广，但这并不意味着他必须要成为一个涉猎广泛无所不知无所不晓的杂家，而是要尽力成为一个综合知识丰富的专业型人才，必须要具备高水准的专业知识，换句话说就是，企业的领导者要尽自己最大的努力成为行业中的“行家”。

在商界流传着这样一句话：“吃透哪一行就做哪一行。”意思就是说，作为企业的领导者，你必须将自己所从事的这个行业了解透彻，方方面面都要了如指掌，掌握别人无法掌握的技术，发现别人发现不了的市场以及利润点。怎样才能做到这一点呢？答案就是，专注。把自己的注意都放到这方面来，力争把自己塑造成为这个行业的行家。

打个比方来说，就好像在看不到边际的大海中生活着很多鱼，同时也有很多水域是特别适合钓鱼的，这时候你就要必须做出选择在哪里钓，因为你不能也不可能时时改变钓鱼的地点。在选定了合适的水域之后，你就要将全部的注意力都放在这里，密切关注海上的风向和海里的动静，弄好鱼钩挂上鱼饵把线垂到海里，然后眼睛就要时刻盯着浮标，这一切都做好了才有可能把鱼钓上来，前期的投资以及花费的心血才会有回报。

美国柯达公司是全球著名的企业，但自20世纪80年代以来，原本顺风顺水的柯达公司却陷入了前所未有的困境当中。当时美国的本土市场已经达到饱和的状态，公司要想继续提高经济效益只有一个办法，就是打破均势同时尽力夺取对手所占的市场份额。但是这时候以富士公司为主的一批日本公司强势打入美国市场，这对于柯达公司来说无疑是雪上加霜的致命打击。身处在两面夹击的艰难境地，柯达公司的领导者决定奋力一搏，在困境中求生存，在经过慎重的考虑和调查之后，最终决定实行多元化的经营战略，将公司的生产领域拓展到药品、日用品、化工产品等方面。

然而，公司推行的这个战略却使柯达公司原本的核心业务，也就是胶卷生产遭受到了较为严重的冲击。之后在短短的几年时间里，柯达又遭到了富士公司与柯尼卡公司的夹击，在一系列的打击下，柯达公司开始节节败退，以前战无不胜的风采现在已经荡然无存。

是什么原因导致柯达走到这个地步呢？答案就是，领导者盲目推行的多元化经营。

一个企业在经营方面出现问题，一般都是两个原因，内部原因以及外部原因。当一件产品在完成了它所肩负的历史使命之后，虽然很不情愿但又必须要退出历史大舞台的时候，对于当初将它生产出来的公司来说只有两个选择，限制产量或者直接停止生产，这都是由外因导致的。如果企业选择停止生产的话，公司若想继续在行业中生存下去，就只能大批量地生产其他的畅销产品，但这时候的前方是漆黑一片的，如果贸然迈步就很有可能掉进深渊，这就涉及冒险选择和认对路的问题。

企业转型是一件至关重要的事情，不论是设备更新还是员工的培训，甚至到新产品的营销策略都要重新进行调整。转型后的产品，如果销路好的话前途会一片光明；但如果打不开市场，产品卖不出去，就很有可能会被淘汰，企业也会因此而再次陷入困境。可以说任何一家企业的转型都是无法预知结果的冒险，成功的关键就是要认准方向。只要方向正确了，就算一时打不开市场，但最终市场还是会主动找你。

1993 年 8 月，柯达董事会经过认真地讨论之后决定免除韦特摩尔的总裁职务，并重新请回摩托罗拉集团前任总裁乔治·费舍来担任执行总裁。

费舍果然没有让董事会失望，在经过周密的调查之后他下令将柯达公司在药品、临床诊断业务、家用清洁剂等领域的业务全部抛售，之后将公司的生产重点重新集中到它最初的核心行业，即胶卷制造和影像事业上。很快公司的情况便逐渐有了好转，资产出售得到的收益帮助柯达公司还清了大部分的债务——从最初的75亿美元缩减到了现在的15亿美元。

柯达公司能够走出困境重新崛起，取决于费舍的正确做法，他已经摸透了这个行业的发展规律和需要注意的事项。让企业将注意力全部放到自己所擅长的领域，并逐步加强在这方面的优势，使企业又重新获得新生。表面上看起来这一点是无形的，但实际上它却是最关键的。

企业要想在行业里立足就必须要有能打出名气的拳头产品，有了名气之后再根据自己的能力考虑要不要往其他领域拓展业务。但一般情况下，就算是新开拓的业务也应该在所在的行业领域之内，盲目向不怎么熟悉的领域进军的话很可能会因为能力不足而跌入深渊。

如果你已经决定了要自己创业做公司的领导者，那你就必须要具备一定量的商业知识以及经营之道，在眼观六路的同时也要耳听八方，并且还要把握商机继而开拓业务。在这一系列的要求当中至关重要的就是对本行业的业务要尤为精通，最好能达到专业人士的程度。精通和专业不仅能体现出领导者能力的卓越，最重要的是它还能帮助企业向更好的方向发展。

第二章　制度管理

——企业永远的基石

一个优秀的企业，制度是制约员工的准则，也是奖惩的分界线。完善的制度体系可以帮助企业变得更好。此时，经营者就会问了，如何制定企业制度呢？这要根据企业自身来决定。但是，对了奖励，错了惩罚，这一点是不能动摇的。任何事物都是无规矩不成方圆，不能改变的是准则，不能破坏的是规矩。

捍卫原则不妥协

自古以来，“赏罚分明”都是企业管理不变的、有效的铁律。

大家都知道诸葛亮这个人物。他最广为人知的计谋就是空城计以及草船借箭。诸葛亮不仅仅是善于使用计谋，他的做事准则也是非常值得大家学习的。

街亭战役是历史上比较著名的战役之一。街亭战役失败，诸葛亮对将领马谡的惩罚，以及给予王平的奖赏，都体现出了诸葛亮“奖勤罚懒”的原则。

街亭战役是诸葛亮首次北伐的战役。北伐前，他任命马谡为前锋，让他镇守街亭要地（街亭位于今甘肃秦安县东北）。临行前，诸葛亮再三叮嘱马谡：“街亭虽小，但关系重大！街亭是通往汉中的咽喉要道。如若失掉街亭，我军必败无疑。”诸葛亮还详细指示，让马谡在临山近水处安营扎寨，小心谨慎，不得有任何的失误。

马谡到达街亭后，不仅没有按照诸葛亮的指令临山近水地安营扎寨，部署兵力，反而骄傲轻敌，将营寨部署在远离水源的街亭山上。魏明帝曹睿得知消息后，立即派得力大将张郃领兵出击，张郃进军街亭，侦察到马谡在远离水源的山上，心中不禁大喜，立即挥兵掐断水源，阻碍粮道，将马谡军队围困在山上，然后命令放火烧山。蜀军饥肠辘辘，水源全无，导致军心散乱，军队还未出战就已混乱不堪。张郃于是乘势进攻，蜀军大败。街亭的失守导致战争局面骤变，迫使诸葛亮不得不退回汉中。

街亭战役后，诸葛亮对于战败原因做了总结，为了严肃军纪，不失军心，诸葛亮下令将马谡革职入狱，并且决定斩首示众。马谡临刑前，上书诸葛亮：“街亭战役失败，是我违背丞相的叮嘱，才会导致兵败。丞相将我斩首，以警后人，马谡死而无怨，只是恳请丞相在我死后能照料好我一家的妻儿老小。这样我就死而无憾了。”诸葛亮看后，心中百感交集，不禁流下眼泪。如若违背军法，免去马谡死刑，又会失去众人之心。最后，诸葛亮下令斩首马谡。同样地，诸葛亮对在街亭之战中立有战功的大将王平予以奖赏，还提升了他的官职。诸葛亮的做法真正做到了赏罚分明。

在现代企业的经营管理中，管理者也要做到像诸葛亮一样，奖罚分明、恩威并施，这对员工来说也是一个很重要的激励手段。形象一点比喻的话，就是管理者手中同时拥有的“甜枣”和“巴掌”，要让员工明白，努力工作就能尝到枣子的甜，犯了错误也会感受到巴掌的疼痛。这样，赏罚分明的原则才不会让员工的心理失衡，而员工为了得到枣子的甜，领导的奖赏，就会更好地工作，企业的运转才会更加顺利。

在企业运行中，只有管理者“赏罚分明”，不断地强化正确的行为、抑制错误的行为，企业才可以得到更好的收获。“赏”是对员工正确行为的肯定，有利于帮助管理者鲜明正确地表明，员工哪种行为是自己认同的和赞许的；“罚”则是对员工错误行为的否定，有利于管理者表明哪种行为是被禁止的，不允许的。

赏罚分明，管理者就要做到有理有据。

摩托罗拉每年都会进行年终评估并召开业务总结会。摩托罗拉每季度对员工个人进行一次评估，每年对部门进行一次评估，并且在年底召开业务的总结会。根据一年以来对员工个人以及部门的评估报告，决定员工来年个人的薪水涨幅，以及决定哪些员工获得晋升的机会。二三月份，摩托罗拉公司都会挑选出一批优秀的员工到摩托罗拉的总部去考核与学习，五六月份的时候会决定哪些员工成为公司的管理职位人选。

摩托罗拉员工的评估成绩表是参照美国国家质量标准制定的，非常规范。摩托罗拉的员工每年都会制定工作目标，其中包括两个方面：一方面是宏观层面，其中有战略方向、战略规划以及优先实施的目标；另一方面是业绩目标。

摩托罗拉员工的薪酬涨幅与晋升机会都是与评估成绩紧密相关的。摩托罗拉对员工评估不仅仅是为员工薪酬的调整和晋升提供有效的依据，同时，对于员工薪酬的调整和晋升的机会而言，评估报告是体现出摩托罗拉赏罚分明原则的最为重要的一个工具。

企业就是一个军队。军队赏罚分明，可以提升军队战斗力；公司赏罚分明，可以提升企业在市场中的竞争力以及企业运转的高效力。如果企业赏罚不分明，一切制度都成为虚设；赏罚分明，企业制度就更容易得到贯彻和完善。企业管理者在赏罚分明方面还要注意以下几点：

第一，有功必赏。下属有功劳却不能获得奖赏，那么，员工心中必会生怨气，陷入懈怠的情绪之中，工作失去积极性和主动性，久而久之，员工的工作效率下降，最终企业的运转受阻，员工会离弃企业，企业也会面临倒闭。

第二，有过必罚。企业必须讲究制度和纪律。团队事务是公，不能因为个人感情而有过不罚。有过不罚，就等于企业管理者自动放弃了惩罚机制。有过不罚，所有的员工都会无视企业的制度与纪律，认为犯错也是可以的，这样，企业内部一盘散沙，不能同心协力，企业的运转也会受到阻碍。

第三，奖罚一定要恩威并施。员工取得成绩，管理者一定要及时给予奖励和肯定，来激励下属取得更优异的成绩；如若员工犯了错误，管理者也要给予批评和惩罚，让员工认识到自己的错误，警醒员工。最重要的是，赏罚一定要公平，否则会引起员工心理上的不平衡，导致混乱的局面发生。

第四，管理者不能讲究亲疏远近。一旦管理者公私不分，对于犯错误的人不惩罚，员工心中就会对管理者有或多或少的意见，这样下去，管理者在员工心中的形象也会逐渐下滑，公司制度就成了摆设，公司的经营也会出现问题。

企业管理中，赏罚分明的原则是不能动摇的。取得成绩就要表扬，犯了错误就要惩罚，这样公平的态度才会让员工觉得公平。员工的工作积极性也会因为求奖赏而大大提高。

勿将今事待明日

子曰："人无近忧，必有远虑。"《礼记·中庸》亦云：凡事预则立，不预则废。人生应该有长远的目标，并对目标进行规划。长远的目标还可以分为每天的目标，每月的目标，每年的目标，这样一一实现，最终的终极目标也会实现。今日事今日毕，勿将今日拖明日。今天的事情必须在今天完成，不要拖到第二天，第二天又会有新的任务需要完成。企业同样应该如此，今天的事情今天之内必须完成，绝不拖延。

世界首富比尔·盖茨，微软公司的董事长，慈善家。他的成功让所有人钦佩。但他的成功也并非偶然。在比尔·盖茨的家乡，每年都会举行阅读比赛。由于比赛的举办方是当地的图书馆，所以比赛的内容自然与阅读和背诵相关了。每次比赛，比尔·盖茨都会名列前茅，最好的成绩是捧回冠军的奖杯。人们把比尔·盖茨当成天才来看待。

其实，比尔·盖茨并不是天才，他之所以捧回冠军奖杯，与他从小就养成的好习惯是分不开的。原来，比尔·盖茨小的时候一直有阅读的好习惯。他9岁就看完了《百科全书》，11岁就已经可以背诵《马太福音》里面最长的段落了。这些成绩也要归功于比尔·盖茨的外婆。当外婆发现小比尔·盖茨有着惊人的记忆力和思考问题的能力的时候，就要求比尔·盖茨每天背诵一定量的文章段落并思考文章中的一些问题，如果今天完不成任务，比尔·盖茨就绝不可以玩电脑。比尔·盖茨也一直坚持按照外婆的要求去做，他每天都告诉自己，今天的任务就应该今天完成，明天还有新的任务需要完成。在外婆的训练下，比尔·盖茨一天天长大，一直奉行每日事每日结的原则。直到现在，比尔·盖茨也不会把今天的事情拖到明天去完成。

比尔·盖茨的成功离不开好的习惯。计划的作用就是让自己的任务准时完成，比尔·盖茨就是如此。每天完成计划，绝不拖延，所以，比尔·盖茨才会取得让人赞叹的成功。

作为全球营业额最高的连锁企业之一，沃尔玛每个连锁店的生意都非常好，走进沃尔玛，可以感受到亲切的服务，每个店员都非常忙碌，沃尔玛超市内有这样的标语：一、顾客永远是对的；二、如果顾客有错误，请参考第一条。这样的服务态度让沃尔玛成为连锁业的巨头。最重要的一点是沃尔玛每个店员在太阳下山之前必须干完当天的事情，不管连锁店所处的位置在哪里，顾客提出了要求，店员就必须在今天之内给予顾客答复。这就是沃尔玛的工作原则之一，同时也是最重要的。

这条工作原则规定了沃尔玛的所有员工在接到顾客、供应商或其他需要服务的人的电话的时候，要当天对这些电话进行答复。这正是沃尔玛对顾客做出的服务友好承诺的一个例子。迅速的答复顾客表明关心顾客。沃尔玛的员工不一定要在日落之前必须解决每一个问题或者完成每一项任务，但员工会与顾客保持联系，方便顾客的询问。这体现了沃尔玛公司的三大信仰之一——服务顾客。

某一天晚上，沃尔玛即将关门的时候，有一家四口走进沃尔玛设在夏季旅游景点的一家商店。虽然这家沃尔玛商店即将关门了，可是店员还是把他们迎进店里，询问他们需要什么帮助。原来这家人刚刚来到这个镇上的夏季别墅，却发现别墅里没有水，他们来买根水管。于是店员将他们领到卖水管的柜台，却没有找到他们需要的那种水管。同样的事情如果发生在其他的商店里，并且是已经过了晚上关门的时间，大多数店员应该都会说："对不起，这里没有您需要的水管，您还是到其他商店问问吧！"

可是沃尔玛的员工不会这样做。发现店里没有客户需要的水管的时候，这名店员马上打电话帮助客户寻找他们需要的水管。后来终于在一家管道商那里找到了需要的水管，于是店员和这家人一起到管道商那里，帮助客户挑选合适的水管，并到他们的别墅里把水管安装好，检查完水管不漏水才离开，这时已经是午夜12点多。沃尔玛店员的热情服务与周全考虑让这家人可以舒适地享受一下夏季别墅。可以肯定的是，在享受到沃尔玛热情周到的服务之后，这家人在以后的日子里绝对会成为沃尔玛最忠实的顾客，并且他们还会给沃尔玛的服务做宣传，带去更多的顾客。

优质的服务需要通过人员来完成，沃尔玛的员工亦是如此。希尔顿酒店有一句名言："如果没有希尔顿的员工队伍，希尔顿酒店只是一栋建筑。"因为是员工提供的优质服务使希尔顿酒店驰名世界。为此，作为企业的管理者，应该培养自己企业高素质的服务团队，确定并统一正确的客户服务理念。这便是企业的成功之道。

各行其责不紊乱

对于一个优秀的团队而言，完整的执行体系，明确的执行分工是有利于企业有条不紊地运行的因素之一。所以，当管理者想要为团队创建一个完整的执行体系的时候，管理者需要关注几个部分。

在一个团队中，首先需要一个管理者。当然，这个管理者要同时具备高智商和高情商，即聪明人。因为聪明的人反应比较敏捷，接受新事物的能力也较强，所以，能够很好地融入一个新的领域当中去，并且会根据所学的知识，融合不同领域的知识，提出自己更加具有创新性的想法和建议。团队中还需要德才兼备的人，一个优秀的管理者既有高尚的品德又有过人的才能，能够更好地笼络人才。还需要善于策划的人，让企业更好地运行，善于维持秩序的人，让执行分工更加明确，同时交际能力强大的人也不可少……

团队成员的构成必须合理，这样才能分工明确，更好地执行任务。团队不是管理者随便找一帮人聚在一起工作。团队成员之间应该是既有共同之处，又有各自长处的人，做到在团队中互补不足，取长补短，这样才可以让团队更好地走下去，企业才能更好地发展。

一家企业中有一个四人团队，即甲、乙、丙、丁。其中，甲是一个谈判专家；乙先前在英国工作过四年，英语口语能力自不必说；丙的专业技能是这个团队里数一数二的，也是同行里的佼佼者；丁是这个团队的管理者。

一次，一个英籍专家过来考察该工作室，希望通过该企业，开拓自己的产品在中国的市场，刚好，负责接待这位专家的就是这个团队。不巧，专家的航班延误，比预计的时间晚了两个小时，原本是由丁亲自接机，但事有不巧，丁的家里有点急事，必须丁亲自回家处理。这个重担便落到了乙的肩上，但乙的专业技能不太好，万一在来的路上，这位专家问起什么，乙无言以对，事情岂不全砸了，因此，必须与丁同行。这次的视察很重要，关乎公司未来的发展。但二人天生不是社交达人，让甲与之一起完成此次任务是再完美不过的了。于是，三人一起开心地去了机场。其结果当然是如他们所愿。

团队的执行能力是取得效率的基础。所以管理者要保证团队的执行力，就要做到：用正确的人和做正确的事。意思就是，有明确的企业经营的战略、企业发展的方向，致力于提升员工的执行能力，让员工充分发挥自己的长处，朝着企业发展的方向做事。团队的执行能力，就是帮助企业实现目标的一种能力。管理者制定出企业的目标，通过团队去有效地实现。联想公司的柳传志说：“想保证团队执行力，就需要用合适的人去做合适的事。”只有这样，才能更好地贯彻执行企业目标。

管理者与员工进行沟通，可以促进团队更好地执行。在团队中，有一个良好的工作环境是企业效率的基础。通过沟通，团队成员之间可以更好地增强凝聚力和向心力，集思广益，提出更好的意见和建议，促进合作。通过这种员工和管理者的共同努力，使决策的贯彻更加彻底。

公司的战略目标应该是员工更好地执行的动力。企业制定出长久的战略计划，不仅可以让员工产生动力，还可以让员工在工作中执行的时候更有效率。现代企业的经营管理，大多数的企业利用绩效指标来管理团队。这是因为多劳多得的原则让员工的动力大增，为了得到更好的回报，员工就会努力工作，执行的效率也就会不断增加。企业管理中，通过绩效考核让员工更好地落实执行，让员工在执行中更好地完成工作，也是管理者可以借鉴的方法。

那么，如何更好地增强团队的执行能力呢？这就需要管理者做到以下的几个方面：首先，让员工心中充满执行的决心。企业运营中，员工如果犹豫不决，瞻前顾后，没有很好的决心的话，就不能很好地执行，所以，管理者要制定出很好的目标，并有明确的态度，让员工更有信心地执行，更好地去完成目标任务。有时候，魄力和决心也是取胜的关键。强大的团队精神，可以帮助企业更好地发展。其次，还要制定明确的执行步骤。

当然，团队的执行计划并不仅限于此，企业还需要根据自身的发展情况，制定出详细的发展计划和执行的规章制度以及各岗位的职责。只有团队的执行能力增强了，企业制定的目标才可能达到，企业才会更好地发展。

管理者还需要有改造团队的勇气。当团队出现问题的时候，就要去解决问题。企业经营中，出现问题是难免的，管理者要善于发现问题，及时地解决问题，才能够让团队的合作更加顺畅，更好地创造效益。有时管理者需要对旧的格局进行改革，只有敢于去改变，才会有一个新的结果。及时地解决问题，是一种执行力高的表现。

残酷的丛林法则

在企业中，员工的工作效率肯定有高有低，工作能力也是一样。这些落后的员工一直都是管理者头疼的问题。想要企业更好地发展，就需要员工齐头并进。同时员工的能力也要差不多，即使有差别，也应该很小。这时管理者就要在企业中制定优胜劣汰的法则。只有这样，才可以帮助企业更好地发展。

在企业中，总会有人处在末尾的位置。那么，这要用什么标准去考量呢?管理者可以根据员工工作完成的效果对员工进行考量。当然，前提是管理者给员工分配的是员工擅长的，能够让员工发挥自己才能的工作。如果员工不能很好地完成管理者制定的目标，管理者就要考虑是否让员工去学习一下新的技能，或者让员工涉及一些其他的工作。最后，如果员工的工作状态一直不好，管理者就要考虑是否辞退员工了。

企业的优胜劣汰，就是为了保持团队工作的高效率。淘汰在企业的发展中是个不可回避的话题。必须强调是，淘汰员工不是因为员工天生不行，而是这位员工可能不适合这个岗位的工作，不能很好地发挥他的优势。因此，当一名员工不胜任或者不适合这个工作岗位的时候，就必须淘汰。更重要的是，淘汰并不意味着就将这名员工辞退，而是让员工去更能发挥他优势的岗位，为他安排新的工作。

所以，优胜劣汰的原则应该是这样的：为了企业更好地发展，满足在市场竞争中的需要，通过客观的评价和考核，对员工进行分析，最终，让员工到合适的岗位去发挥自己的才能，从而使企业的效益更大，帮助企业更好地发展。这种优胜劣汰的原则，是为了更好地激发员工的工作潜力，提升团队的竞争力。

李经理是一家公司人力资源部的主管，他所在的公司一直以来实行优胜劣汰的考核制度，在年终的时候还会对员工进行全方位的考核，按照10%的比率淘汰不合格员工。这样的制度听起来很好。但是，公司实行这样的制度不到一年，就不了了之了。这是因为，干活多的人，出错的概率就大；坚持原则的人，得罪的人越多。结果这两类人的年终评分都非常的低，按照公司的规定，只好把他们淘汰了。但是公司其他的员工都为他们感到惋惜，意见也很多。最后，这个制度也就废弃了。李经理对此很是疑惑：为什么明明制度是好的，却起到了相反的效果？

在企业中，想要制定完善的优胜劣汰的制度，就需要考虑淘汰的标准和淘汰的比例。也就是说，企业淘汰的制度，是否符合自身的情况。如果企业制定的制度不符合实际的情况，而管理者又不能客观地评价，最后只会让优秀的人才流失，混日子的人继续在公司里，使管理者失去了员工的信任，还不利于公司的长久发展。

管理者确定末位淘汰的准则的时候，不能只是简单地评价员工当前工作业绩的好坏，还要对他基本的工作能力进行考察，进一步确认员工在企业中的发展潜力。管理者还要知道，员工的绩效差异，除去自身的因素外，还与他的工作环境、工作的难易程度、人际关系等有很大的关系。决定员工绩效成绩的因素相当复杂，在很大程度上员工无法自己掌控，所以，管理者对员工的考核也不能以偏概全，要全面客观地考核员工，最终得出最后的结果。

对那些绩效成绩好的员工，管理者可以及时给予员工晋升或者学习的机会，帮助员工更好地发展自己，不断进步。对那些绩效成绩不佳的员工，管理者应该分析出不佳的原因，帮助员工改善，从而使员工的绩效成绩变好，而不仅是为了企业的利益着想辞掉员工。如果是员工自身原因的话，管理者当然可以采取淘汰的方式，但如果是岗位不适合，管理者就要让员工到可以发挥优势的岗位上去，为企业的发展创造效益。

团队在创建初期和成熟期是两个完全不同的阶段，优胜劣汰的制度也是不同的。企业创建之初，需要团队员工充分发挥出自己的高效率，因此就以高素质为用人的目标，一旦发现不行，立刻淘汰。但当企业发展成熟之后，员工的竞争机制建立了，分工更加明确，这时的淘汰机制，就应给予员工学习的机会，帮助落后的员工更快追赶大部队。

企业经营中，优胜劣汰是法则，但同时也要注意以下的几个问题：

1. 优胜劣汰是绩效考核体系中的一种。

优胜劣汰的目的，是通过这样一种管理机制，激发员工工作的积极性。通过竞争，使整个企业处于一种上进的状态，有利于提升工作效率和团队效益。

2. 客观地判断末位。

管理者需要公正客观地判断末位，不让优秀的员工被不公平的机制摆弄。管理者做到公正客观，更有利于优胜劣汰的客观性。

3. 重点关注比例问题。

对于一个企业而言，优胜劣汰的比例过高和过低都会产生问题。如果比例过高，很容易导致后备力量不够，也就是没有更有能力的人胜任岗位，还会给员工增加心理的负担。而如果比例过低，又会达不到想要的效果，不能发挥作用。所以，管理者要慎重考虑优胜劣汰的比例。

4. 淘汰后的安排问题。

某位员工如果在任一岗位都不能胜任，那就只能辞退该员工。但是，如果员工只是没有找到适合自己的岗位，这就需要管理者考虑安排员工接下来的工作，让员工去更适合他的岗位上去发挥作用。企业对成员要量才而用，不可简单地因为员工的绩效成绩不佳就辞退员工。管理者要具体问题具体分析，对员工进行客观地分析，让员工到适合的岗位上发挥优势，帮助企业发展。

遵循"游戏"规则

俗话说：没有规矩不成方圆。这句话永远都不会过时。企业的经营运转更是需要制度的存在。企业当中的自由就是员工有权去做企业允许的事情。当然，企业允许的事情，就是企业制度规定许可的。任何企业的运行都要有规矩，这样，企业的运转才会更加顺利，企业才会走向辉煌。

世界管理大师德鲁克认为：组织结构可以帮助每个部门或者每个人去理解自身的任务，与此同时又可以理解共同的任务，帮助员工理解如何让自己的任务去适应整体的任务。一个好的组织结构能够更好地促进企业取得成就，能够让员工在自我激励的条件下快速地将决策转化成为行动，帮助企业取得成就。

企业制度不仅仅是让员工了解哪些事情是可以做的，哪些事情是不可以做的，哪些事情是对的，哪些事情是错的。企业的制度还应该包括员工的自我管理。其中员工的自我管理的大致范畴包括：员工对企业组织方式的认同程度，对企业文化的理解程度，员工自身的羞耻感、自我约束能力以及自我激励的能力，还包括员工在工作中所表现出的积极性与能动性，对所承担工作的完成能力，能够达到公司设定目标的自信心，克服困难的勇气，战胜挫折的毅力，与同事友好相处，以及在工作中表现出合作的精神，等等。

美国管理界的权威人士，被誉为“质量管理之父”的戴明博士在讲课中讲到这样一个企业案例：一家合资的美国工厂，即将倒闭，一位日本人受命去这家即将倒闭的合资工厂，然而这位日本人只用了三个月的时间就让即将倒闭的合资工厂起死回生了，让人惊奇的是这家工厂还赢利了。

很多人会问，这是为什么？其实道理非常简单，那位日本人后来解释道：“这是因为美国人也是一般意义上的人，他们也拥有正常人的需要和价值观，对待他们要像对待正常人一样，他们自然会付出努力使得工厂起死回生。”

企业帮助和引导员工去实现自我管理才是真正的人性化管理，而不是企业去要求员工完全按照已经设计好的方法和方式去工作、思考以及行动。企业要真正地让员工认识到自己也可以有自己的想法，不能让员工处于木偶的状态。只有通过真正的人性化管理，企业才会走向成功。

世界著名的西门子公司有一个口号叫作“自己培养自己”。这句口号是西门子发展企业文化或者价值体系的最成功的基础，反映出了西门子在员工管理上的独到见解。西门子把员工的全面培训以及继续教育等列入了企业战略发展规划，并贯彻实施，让员工认识到，只要认真工作，任何人都有晋升的机会。这也是西门子之所以成功的原因之一。

然而，西门子所做的并不止这些。他们还把一定的注意力放在了如何更好地激发员工的学习愿望，更好、更正确地引导员工进行自我激励，如何营造共同承担责任的环境，使员工在工作中更有创造性等方面，以便员工和企业可以共同成长，共创辉煌。对于西门子来说，先发展员工，再让员工来发展企业的想法才是真正帮助西门子成功的办法。西门子认识到：企业的成功并不是靠着管理者的头脑和智慧，还需要团队的力量。员工的发展，就是企业自身的发展，只有员工强大了，企业才会真正的强大。

企业运行中，员工的自我约束是最有效的管理办法，也是企业事半功倍的法宝。员工能够进行自我约束与管理，也不是一件非常容易的事情。这需要管理者及时地帮助与引导，最重要的是企业要具备一套能够促进员工进行自我管理的规章制度。员工的自我管理也需要企业的帮助，所以，企业不能放任员工自我管理。只有将员工与企业结合起来，企业才会变得强大、成功。

有研究表明：100 人以下的团体在自我管理的方面尤为出色，一旦越过这一数目，效果就会明显下降。这是因为：小团体具有交流成本较低的特点，能够更快反应，使得效率更高收益更大。所以，管理者在管理团体的时候，可以让员工分为几个团队，通过小团队合作，从而使效益达到最大化。

我们都知道，企业如果缺乏明确的规章制度，员工在工作中就非常容易产生混乱，导致企业运转不畅，工作效率下降等。如果员工有令不遵、有章不循，按照个人的意愿行事造成的无序与浪费的严重后果，更是一件非常糟糕的事。所以，任何企业在经营运转过程中都需要一个完善的制度体系，不仅仅是为了给员工提供一个良好的工作环境，更是对员工自身的约束，让员工明白，企业的运转中，自我约束力可以更好地帮助员工取得成绩。员工的自我管理做得好也要及时地给予表扬，让员工更好地发挥作用，帮助企业实现目标。

拒绝与懒惰为伍

在企业中，有辛勤工作的员工，同样地，也有偷懒的员工。如何让员工由懒变勤，是所有经营企业的管理者都会思考的问题。懒惰的人对于工作没有上进心，混吃度日，一有时间都会钻空子，逃避工作，还妄想以最小的付出获得最大的回报。他们对于企业没有忠诚度。优秀的管理者在面对这些懒惰的员工时，想的是怎样让懒惰的员工变得勤劳。正如澳大利亚商学院的一位博士生本杰明·沃克曾说的那样：“一个团队最懒的那个成员，实际上就可以决定一个项目最终的成功或失败。”所以，企业想要获得成功，管理者就需要将这些懒惰的因子清除掉。

从前，一个小村庄里住着一位农夫，虽然他只有很小的一块田地，但是他非常珍惜，而且很认真地耕种。有一年，他田地的收成不好，到了该播种的时候只有一小袋的种子。有一天天刚亮，他便起床来到他的田里播种。

播种过程中，他十分小心，生怕遗失了一粒种子。到了中午，正是太阳毒辣的时候，他实在太累了，停下来在树旁休息。可是当他坐下的时候，一把种子突然洒了出来，掉进了树洞里。虽然洒的种子很少，但是对于农夫本就不多的种子而言，丢了就是损失。农夫非常心疼，于是，他拿着铲子，决定从树洞中挖出种子。天气越来越热，汗水不断地留下来，但他还是不停地挖。当种子终于挖出的时候，他发现树洞里还有一个盒子。他捡起种子，又顺便打开盒子，那一刻，农夫惊呆了，盒子里都是黄金，那些黄金足够让他生活得非常富裕。

从此，这个贫穷的农夫成了一个富有的人，人们无比羡慕地说：“你真是世界上最幸运的人。”

农夫却笑着说："不错，我是很幸运，但这些都源于我的辛勤劳作和对种子的珍惜。"

可见，辛劳可以为人带来更多的财富。而懒惰的人只会偷懒，逃避本该属于自己的工作。所以，金子才不会被他们挖掘到。想要获得金子，需要自己的努力，想着偷懒也能获得，那是不可能的事情。工作也是一样。只有通过自己的双手打拼出来的，才是有价值的。上天看重的是那些生于艰难、手脚并用打天下的人，而不是偷懒逃避的人。想要获得更好的回报，不付出是不行的。行动才是最美的步伐，空想、偷懒只会让人拥有碌碌无为的生活。

为了避免员工在工作中偷懒，管理者就要建立合理科学的奖惩制度。让员工明白，奖勤罚懒，这样不但可以提高员工工作的积极性，还可以赢得员工的信赖，帮助企业发展。

有些管理者认为，一个团队的整体水平，应该是每个成员的平均水平。所以在工作的时候，就要安排一个能力特别强的人，帮助团队拉高水平。但是，如果团队中有一个技术不熟练的员工，或者是一个懒惰的员工，那么团队的水平就会大大地降低，影响企业的发展。勤劳的员工也会心生不平，最终出现秩序、制度等的混乱。即使团队中一些有能力的人努力地表现好的方面，他们也无法弥补那些懒惰的成员的影响。也就是说，懒惰的人最终决定了团队的整体水平，甚至是团队的成与败。

面对企业中的懒惰的人，管理者必须采取一些制度来制止这种现象。企业中没有制度管理，缺乏具体的奖惩措施，对于偷懒的员工没有惩罚，那么，所有的员工都会选择偷懒不去工作了。所以，管理者一定要在企业中建立完善的奖惩制度，监督员工，保证进度的量化，将那些懒惰的人驱逐出团队，以保证企业的长久运营。如果企业的成员在职业道德和责任感方面缺乏，就很容易产生懒惰的情绪。所以，管理者建立奖惩制度的同时，还要增加员工的责任心和职业道德。

一个企业或者一个团队的不成功，是因为人才的缺失，而人才的缺失则是因为企业中的懒惰因子。懒惰的人在工作中偷懒，却得不到惩罚，努力工作的员工就会心生怨念，久而久之，员工心中的积怨颇深，对管理者失去信心，便会选择离开。如果能干的人不再为企业付出，没有一人愿意做出自己应有的贡献，企业倒闭也是不可避免的了。

管理者如果没有设定任何的奖惩措施，保证成员可以对团队的整体利益负责，那么，有些员工就会开始偷懒，因为没有惩罚的措施。他们企图坐享其成。当懒惰的人越来越多的时候，团队就变得不思进取，不再盈利，企业的发展也受到阻碍。

企业的发展需要所有员工的齐心协力，不仅仅是奖励，还需要惩罚。尤其是对团队中的懒惰之徒的惩罚。惩罚企业中懒惰的人，对于勤劳的员工来说也是一种激励，因为看到一个公平的体系，所以他们会更加努力，有更好的表现。这样，通过公正的管理和奖惩制度，企业的发展会越来越好，盈利也会直线上升。

惩罚制度有利于监督员工。当发现企业中有懒惰的员工存在的时候，管理者就要及时的惩罚，不能任由懒惰因子在企业中存在，因为懒惰的人会影响身边的其他员工，时间长了，所有的员工都会变得懒惰，企业哪里还有效益可言？让每位员工对身边的其他员工进行监督，对懒惰的人进行惩罚，可以更好地建立良好的工作环境，有利于企业的发展。

有效提升员工效率

在企业中，并不是所有的员工都非常勤快，肯定会有偷懒的人。企业制度的建立，就是为了防止在工作中出现偷工减料、偷懒逃避考核的人。想要员工的工作效率高，企业发展更高效，就需要建立有序的制度，让员工能够更好地工作，工作效率达到最高。

管理者想要员工的工作效率最高，就需要员工提前做好充分的准备，能够很好地进入工作状态中，对于自己的工作有一个很好的掌握，对需要完成的事项做好计划，等等。只有员工的工作效率提高了，企业的效率才会随之提高。

如果企业的员工都是敷衍了事，那么，企业的运转会变得非常的缓慢，想要完成的目标也会一拖再拖，即使管理者有远大的抱负，对企业的发展有长远的目标，这些也都只是想象而已，真正要实施，还有一大段距离。

一次 CVSCaremark 公司照例召开行政会议，一位经理看到自己的手下玛丽正坐在椅子上看资料，尽管她努力想做到不被发现，但还是被经理看到了。

“玛丽，你好像在会前没有读过资料。”经理说。玛丽的反应是尴尬地对经理笑一笑，显得很不好意思。经理又说：“我们现在就要表决了，玛丽，你没有读资料就没有办法进行表决，那么对不起，你现在出去，将资料读完了再进来。”玛丽只好拿着资料走出会议室，坐在门口尴尬地读资料。经理问大家：“诸位，资料你们都看过了吗？”结果，会议室内一片寂静。于是，本来二十分钟的会议，足足开了三个小时。

企业想要得到很好的效益，就需要每位员工的工作效率达到最高。如果员工在开会前没有很充分的准备，没有阅读过资料，那么，在会议上，员工的心只能是放在阅读资料上，不能很好地听经理的发言，不能了解经理对于事情的看法，也不能很好地表达自己的想法。这样，本可以短时间结束的事情，会花费更长的时间来解决。所以，管理者想要员工的效率达到最大化，就需要让员工做充分的准备，让员工可以更有激情地去工作，而不是每天都死气沉沉的。

管理者想要提高员工工作的效率，让员工更加有动力地工作，就需要在企业内部建立起严格的考核制度，让员工有一些紧迫感。有时候，压力也会是前进的动力。当员工感受到压力的时候，他就会开始努力，为了不被甩在最后，会努力地工作，让自己的工作做到最好。管理者可以缩短考核的周期，加强考核的标准，以掌控过程中的一切问题，知道问题的发生原因，及时解决，达到最终改善结果的目的。

以严格的考核来提升效率，这是非常普遍的管理办法。企业的管理者刚刚接触一个团队，可以循序渐进地推行考核制度，由一个月一考核逐渐发展成半个月一考核甚至一周一考核的制度。让员工逐渐适应这种考核的制度，这样才会对企业的发展有帮助，更加有利于提高员工的工作效率。

管理者还要明确员工的职责，避免时间浪费。想要取得效率，在团队中就要分工。团队中的分工有利于各个员工熟知自己的任务，更好地完成任务。团队的效率是与团队成员的职责状况有关联的。在一个团队中，若某一位成员的工作效率不高，那么其他成员的工作效率再高，整体结果也会有缺陷。所以，给每个成员分工，让员工清楚自己的任务，有利于工作更好地完成。当然，管理者的分工也要根据员工的优势，不然，分工就只是一个形式，不能很好地发挥员工的特长，最终也只是浪费时间。

合理的分工对企业的发展是有利的。在企业中每个员工都应该明白并接受各自的职责，在工作中努力完成。每个员工只有清楚知道自己的任务是什么，才可以更好地去完成任务、实现目标。管理者在确定员工职责的时候，需要充分考虑员工的素质和能力。只有根据员工的实际情况，每个人的专长、能力和水平，把他们放到最适合岗位上，让他们在合适的岗位上发挥自己的优势，有利于员工个人的成长，并且能够极大地调动员工的主动性和积极性，有利于达到效率的最大值。

另外，管理者还应该清楚，在团队中，每一位员工都是非常重要的。所以，管理者在对员工进行职责分配的时候，不能只强调这个成员的重要性而忽视了其他员工的作用，这样，就不能全面地发挥团队的作用，也就无法让团队的效率达到最大，反而会失去员工的信赖，使管理变得混乱。也就是说，管理者在分工的时候，要做到全面客观，不能被自己的主观意识左右。只有全面客观地对员工进行分工，才能让员工的工作效率最大化，才能获得员工的信赖，才更有利于公司长远的发展。

管理者要根据现实情况，对员工进行职责分工。根据员工各自的能力、性格等进行量体裁衣的分工，充分调动员工的积极性。而且，管理者对员工的期待不能过高，也不能低估员工的能力。想真正地做到分工得当，还需要管理者根据自身公司的情况，来具体问题具体分析。只有让员工充分地发挥出自己的特长和能力，才能帮助企业实现效率的最大化，企业的发展才能更长久。

放权是为了更好地集权

我们知道，蜗牛整天背着自己的大房子东奔西走是迫于无奈，但柳宗元曾在他的《蝜蝂传》里记载一种叫作蝜蝂的虫子。它嗜好背东西，无论什么东西，只要是它看见的就背，而且越重越好，不累死不罢休。

在企业的管理中，管理者的权力就如同蝜蝂背的重物，很多管理者不愿把机会给下属，实际上这样死死抓住权力不放，反而会让自己陷入疲惫，也难以得到下属的拥戴。不放心把权力交给下属，只能把所有的忧虑都留给自己，越来越多的工作弄得自己手忙脚乱有什么益处呢?

杜邦公司的继承人尤金·杜邦在接管公司以后就犯过这样的错误。他实行的管理模式控制了大权，公司内的决策权都在他一个人身上，支票要他亲自开具，契约由他亲自签订。他在决策和管理的执行上可算是亲力亲为了，包括监督公司的上百家经销商都是他一个人来做。

他的这种垄断式的管理手段使杜邦公司的组织结构受到了很大的影响，企业在竞争中连连遭遇失败，差一点就走到了破产的边缘。他自己也因此陷入了困惑，不久，他就因身体过度疲劳去世了。

企业中，像这样的管理者很多，他们不相信下属的能力，凡事都亲力亲为，他们不敢于授权，习惯了自己整日忙碌，工作效率暂且不说，还抢了下属的工作，耽误了大把时间，自己的工作也堆成了山。

通用电气的董事长杰克·韦尔奇有这样一句至理名言："管得少就是管得好。"他所说的管得少是敢于将权力交给下属，让权力流动起来，这样不仅不会削弱管理在企业中发挥的作用，还会不断提高工作效率。授权有利于集权，这也是扩大自身权力的有效方式。

奇美公司的董事长许文龙在这一点上就做得很好，在管理上他有自己独特的风格，又有道家的观念在里面。他的管理方式很灵活，也很随意，无为而治，发挥每个员工的最大价值，提高工作效率就是他管理的真正目的。

有员工说，他大多时候是不在公司的，一星期只去几个小时，大部分时间都在钓鱼。有一天下大雨，他却赶到公司，下属见到他很惊讶，说："董事长，没有事来公司干什么?"他一想也对，转身就走了。

他始终信奉一点：要信任员工，就像信任自己的太太。他说："买菜的事由太太处理，先生不用插手，不用对账，也不用详细罗列出来，太太却处理得很好，一日三餐样样齐全。"

虽然许文龙是公司的董事长，但却是一个虚衔。公司的大小事宜他都授权给下属们去做，从来不把指令搬到书面上来，即使开会也只是和大家聊聊天，连图章放什么地方他都不清楚，甚至连一间办公室都没有。但在许文龙这种无为的管理下，公司内部却能做到井然有序，奇美公司的管理体系给员工创造了自由良好的工作环境。

韩非子说过一句话："下君尽己之能，中君尽人之力，上君尽人之智。"只有敢于授权的人才是成熟的管理者。就像许文龙这样，对工作上的事不予理睬，虽然看起来制度太过于宽松，但从某种角度上讲，他的这种巧妙的管理方式既大胆又智慧。

作为管理者，应该做好自己该做的，管理好自己不该做的，处理好决策性的工作，发挥监督职能，帮助下属在岗位上秉公职守，使下属们各自做好自己的工作并及时做出反馈。这无疑是一箭双雕，下属的工作能力得到充分的锻炼，也利于发挥员工们各自的潜力，提高他们的积极性和信心，员工不但得到表现和锻炼的机会，还能在企业中得到发展。

授权使管理制度更显宽松，为管理者减轻了压力，也使管理者得以从百忙的工作中抽出身来把视线放到更重要的事情上，不断培养和激发员工的潜力，有助于挖掘更多的企业人才。

授权的好处很多，但也并不是什么都可以随便授权，倘若不适当授权，公司的管理制度一定会被打乱，到时候就真的难以收场了。

①对日常性的工作可以授权。工作中必须要做的事，可以委派下属去做，事情容易，也方便解释，更好理解又不用担心。

②对专业技术含量高的工作可以授权。企业的管理者未必了解专业技术和生产等领域的专业知识，所以要把专业的工作留给专业的员工来做，这也锻炼了员工的执行力。

③对既简单又有意思的工作授权。人人都觉得有意思的工作做起来不枯燥，所以这种工作谁都愿意去做，但可能会消耗大量的时间，倒不如把这项工作交给更适合的人去完成，他们一定会做得又快又好。

④涉及公司机密的工作不能授权。例如员工的职务晋升或涉及商业机密的工作都不应当授权。

⑤对政策性的工作不能授权。这类工作应由企业管理者负责，员工可以参与，但最终的决策权在管理者手上。

⑥对企业内发生的各种危机事件不能授权。关于危机事件，涉及公司的根本利益，企业管理者应该坦然面对，带领企业走出危机，相反授权只能被认为是不负责任。

⑦对培养员工的工作不能授权。培养员工属于管理者的职责范畴，你可以

为员工创造机会，扩大发展空间，可以帮助他，但不能授权。

⑧对领导安排给你的工作不能授权。领导把一份工作交给你就一定有他的道理，如果条件不充足，可以及时和领导商量，授权他人只会害了自己。

第三章　战略管理

——前行方向的指引

企业的方向决定了企业的成败。如何制定好一个目标，也是很多经营者关心的问题。每个公司都有自己独特的经营战略，了解时代的变化，不断革新技术，也是经营者需要关注的。清晰的目标让方向更加明确，方向明确了才可以制定出完美的战略计划。深入市场调查，了解客户需求，根据分析得到的数据来制定企业的战略，这样，企业才可以长盛不衰。

量身定制企业战略

无论是什么性质的企业，管理者想要做出好的决策，都必须懂得一点战略。一般而言，企业发展战略是根据其自身的特点制定的。因为每一个企业有不同的特点，所以要根据企业的具体特点来选择适合自身发展的战略。只有这样，企业才能在复杂的市场竞争中立足、生存和发展。所以，发展战略的正确与否是决定企业生死存亡的重要因素。

企业管理者在制定与选择发展战略时，必须注意以下几点：

1. **企业在制定发展战略时要有规模意识。**

企业虽然有很多的优点，但也有缺点，而缺点多半是由于企业的规模太小造成的。从根本上讲，任何一个企业都有扩大规模的内在冲动。管理者也要深知，只有企业规模发展了，才能克服企业自身的缺点。在激烈的市场竞争中，企业如果得过且过、不求进取是根本站不住脚的。在现代市场经济下，企业需要准备随时应付新的挑战与变化。一个不思进取、不求发展的企业是不可能获得成功的，会被市场抛弃。

2. **当企业的进取心较强时，容易在战略上犯急于求成的冒进错误。**

有些企业由于规模较小，急切地盼望进入大型企业的行列。过于雄心壮志的发展计划，往往容易使企业在财务上陷入困境。这也是一些企业最终破产的最常见的原因之一。所以，企业制定发展战略计划应根据自身的情况，从实际出发，实事求是地分析企业的内部条件和外部条件，科学、客观预测和判断市场的发展趋势等。

3. **发展战略通常不应采取与大型企业对着干的办法。**

企业由于规模小、实力不足，尤其需要从自己的实际情况出发，避开市场上大型企业的锋芒，在大型企业竞争的夹缝中求生存。一般情况下，企业与其和大型企业在市场上针锋相对，不如与相关的大型企业共同前进，甘当配角，在与大型企业的相互协作中寻求发挥自身优势的机会。

4. 企业的发展战略需要有较强的适应性或灵活性，以便企业能够灵活地经营，以及在面对困难时可以灵活转变。

虽然企业的发展战略是为了解决长期发展的问题而提出来的，但是由于客观上企业的发展战略受到各种因素的制约，因此企业的发展战略还要能够适应客观条件的变化，具有一定的弹性和灵活性。

5. 企业的发展战略还需要全体员工的认同和参与。

企业的发展战略只有得到全体员工的支持和认同，企业的发展才会一帆风顺，在一些企业中，人与人之间的直接沟通较多，管理者正好可以利用这个机会，让员工将自己的想法说出来，共同为公司创造更好的未来。所以，企业发展战略目标的实现在更大的程度上依赖于全体员工的认同和参与。

腾讯开放平台的战略是非常成功的。腾讯的战略就是在“顾客资产”的平台基础之上，与其他的客户创造共享价值。

腾讯拥有7亿多用户，可以供第三方接入，腾讯的客户流量给第三方带来生意，而腾讯则参与利润的分成。2011年，腾讯引进专家，讨论并决定采用开放平台战略。腾讯决定利用这7亿多用户，与第三方建立合作、共享的平台，平台包括朋友网、QQ游戏、QQ空间、腾讯微博等在内的五大核心平台。

腾讯的开放平台拥有四大优势，其中最重要的是用户的账户资源可用于“连接空间”等服务，即可用QQ账户登录不同的网站，这样，会给合作伙伴带来大量的用户。这个网站有意思、好玩的事情可以分享到另一个平台，网络使信息可以被多次传播，为合作伙伴提供额外的影响力。

管理者在执行公司战略时候，目的是为了战略经营。而战略经营就要求企业经营人员能够依照环境的变化，做出弹性的经营决策。

把握时代的脉搏

李嘉诚说："聪明的商人懂得观察时局。商业本身就是为了适应时代的发展变化而形成的产物，所以只有与时俱进，才能做好生意。"企业管理者要懂得与时俱进，了解市场、时代的发展，才能将企业做大做强。

事实也确实如此。为了更好地发展，李嘉诚独辟蹊径，制订屋村计划。李嘉诚把发展重心放在土地资源丰富、地价低廉的地区，大规模兴建屋村。而李嘉诚这次的举动，也奠定了他成功的基础。独到的眼光，独辟蹊径的做法，都是李嘉诚成功不可少的因素。

李嘉诚在租楼还是售楼问题上的做法，充分显示了李嘉诚懂得随机应变这一点。李嘉诚说：如果手头的资金比较宽裕或者说楼市不景气、楼价偏低时，只租不售；若急需资金回流，或者楼市景气，售楼利润能够得到保证，就以售楼为主。李嘉诚的这种做法恰恰说明了他懂得顺时而变的经营方针。如果该售楼的时候租楼了，该租楼的时候售楼了，那么，李嘉诚的成功就遥遥无期了。一个成功的商人，一个聪明的商人，一个有智慧的商人，是懂得与时俱进的。

虽然在中区有了一席之地，但是李嘉诚并没有急于在中区发展，因为他更看好九龙、尖沙咀以外地界的发展前景。于是他再一次独辟蹊径，决定迂回出击，推出大型屋村的计划。综合能力较强的大型屋村，集居住、医疗、购物、保健、餐饮、交通、消遣、教育等为一体，方便集中管理。此外，还有相关的工业大厦及社区服务的物业等。李嘉诚推出大型屋村这一计划是顺应时势的，为大众家庭推出的计划。

20 世纪七八十年代，李嘉诚先后完成或进行开发的屋村有海怡半岛、丽港城、黄埔花园、嘉湖山庄等。虽然有些建筑的利润不如兴建商业楼宇，但总体的利润还是非常丰厚的。屋村的成功再一次显示了李嘉诚独到的眼光。由于香港只有李嘉诚大建屋村，所以，屋村逐渐与李嘉诚画上了等号。而李嘉诚也由此获得了“屋村大王”这一称号。

1980 年 8 月，李嘉诚与联邦地产联手合作，斥资 10 亿港元购入国际大厦和联邦大厦，几个月后，李嘉诚又以 22.3 亿港元出售国际大厦和联邦大厦，李嘉诚从中赚取的利润达 10 亿港元以上。在这个时候，我们可以看到，李嘉诚已经从稳健发展的方针中跳出来了。新建和收购的楼宇，大部分都用来出售，很少用来出租。而在刚刚投入房地产的时候，李嘉诚则是只租不售。李嘉诚说：“这并不违背我们增加经常性收入的原则，因为要决定将楼宇出售或收租，需看时势及环境而定，现在的楼宇价格急升，售楼所能获得的利润远比租屋要多，在为股东争取最大利润的前提下，将建成楼宇出售更为合算。”

李嘉诚不再采取稳健发展的方针并不是失去了初心，而是懂得随机应变。现在的情况不同以前了，时势也在改变。当初李嘉诚进入地产业时，实力太过弱小，为了在地产界站稳脚跟，谋求发展，只能走稳健之路；而如今已经具备一定的实力了，并且用有了一定的声誉，想要谋求更大的发展，就要采取多样化的发展策略。

商场如同战场，需要管理者灵活机动的战略战术，应对突发的状况，教条机械地搬用老一套已经成为过去时。李嘉诚的经验告诉我们：做生意要灵活机动，要具体情况具体分析，不能刻板固执。确定出相应的策略，然后才能将企业做大做强。经商没有什么规矩可循，关键是管理者要因人、因时、因地地随机应变，这样企业方能立于不败之地。若是一味固守成规，企业自然会被淘汰。

管理者在面对复杂变化的市场局势时，应该懂得随势而变，不能一味地固守陈规，不思进取。要根据不同的情况做出不同的决策，公司的制度、发展战略更应如此。如果公司不能做到审时度势，只是按照旧有的思想与方针发展的话，企业只能面临淘汰的危险。在企业发展的不同阶段，管理者也要制定出不同的发展计划。企业起步的时候，应该稳步发展，企业加速发展的时候，就不能倒退。企业拥有一定的信誉和知名度了，这个时候，企业就应该全速发展，争取获得更大的收益。

想要更好地发展，还需要管理者拥有对于市场变化的了解，掌握市场的动态，了解发展的趋势。只有充分掌握了变化的趋势，企业才能在应对市场变化的时候有自己的对策，在市场变化中生存下来。市场变化是残酷的，一旦企业无法应对市场的变化，在变化中被淹没，企业再想重整旗鼓也就很难了。

成功的人之所以会成功，失败的人之所以失败，都是因为在关键的时刻做出的决定。有时候，一个决定就会关系到企业的存亡。而这个决策，就需要管理者的深思熟虑了。管理者的决定，直接影响了企业。所以，管理者要时刻关注市场动态，了解市场的变化，懂得与时俱进，能客观、冷静地分析市场的动态，得出一个客观的结论，才有利于企业发展。管理者做到了与时俱进的分析，也就是企业即将成功的信号灯。所以，管理者在面对市场变化时的客观冷静，是必不可少的。

激烈的市场竞争是永无止境的，市场的变化也是捉摸不定的。管理者无法真正了解市场，只有与时俱进地发展企业，让企业永远不会被市场淘汰，这样，才能在众多的企业中立于不败之地，才能在市场中获得优势，取得效益。所以，管理者要努力地了解市场才行。

科技是爬升的阶梯

当你所处的行业慢慢走向衰败，或者发展空间变小时，一定要沉住气去发展新的出路。企业也是如此。制定出正确的计划是最好的，但是一旦发现计划行不通，就要及时地停下，找出问题，然后继续行进。企业中不仅仅是正确的方向和战略计划是重要的，还有技术的革新也是必不可少的。所以，技术的革新不能断。一旦技术停滞不前，企业面临淘汰也就不远了。技术是一个企业发展的命脉，命脉断了，离死亡也就不远了。所以，管理者也要时刻注意企业技术的革新问题。

已逝的邵逸夫先生是邵氏兄弟电影企业的创办人之一，是中国香港著名的电影制片人、电视剧制作人，其名下的影院业务、录像业务也都雄霸中国香港及东南亚地区。

1930年，美国和欧洲相继出现了有声电影。邵逸夫知道后，觉得无声电影前途已尽，今后的发展趋势是有声电影。于是，他横下一条心，一定要拍出有声电影。邵逸夫去了有声电影的发源地美国。他在美国购进了大批先进的器材和设备。回到新加坡后，他立刻寻找合作者，进行合作拍有声电影的事情。就在1932年，邵氏兄弟在香港拍摄出了第一部有声电影《白金龙》，也就是这部电影开创了中国电影从无声进入有声的新时代。邵氏电影经过十多年的努力，在新加坡、马来西亚、爪哇、越南等东南亚各地拥有电影院110多家，游乐场9家，邵氏电影几乎雄霸了东南亚影业市场。

1959年，邵逸夫来到香港开创他自己的电影事业。邵逸夫亲自赴港坐镇以后，在他的感召下，许多一流导演、一流明星聚在了一起，拍出了许多一流的电影。香港老一辈的影人每每谈及邵逸夫先生对他们的栽培，都是感激不尽的。邵逸夫的决定是正确的。

邵逸夫的成功不仅是他找准了方向，还在于他敢于技术革新。如果邵逸夫不曾去美国购买先进的设备，那么，他的电影事业恐怕还在缓慢发展中。可见，企业想要更好地发展，技术革新是关键的一步，这一步非常重要，有些企业之所以被淘汰，就是因为技术上的漏洞。时代的发展注定了科学技术的发展。企业想要在社会的发展中永立不倒，就需要不断地更新技术。

然而正当邵氏影业全盛之时，电影受到来自电视的冲击。在一些国家，电影俨然已经成为“夕阳企业”，正在走下坡路，同时也失去了昔日鼎盛时期的光环。电影市场逐日缩小。这时，邵逸夫敏感地意识到，应该把业务推向多元化发展——向电视进军。

依靠毕生的经验以及先进的技术，邵逸夫进军电视市场。70 年代末期电影业迅速下滑，精明的邵逸夫结束了一部分电影院的营业，把更多的金钱与时间投资在无线电视上。根据自身具备的优势，将“邵氏影城”的明星和香港演艺的精英都网罗到门下，制作出高水平、高质量的电视剧，收视率也急剧上升，压倒香港的竞争对手“亚视”。时至今日，人们也不得不佩服邵逸夫的眼光。从事后的发展来看，邵逸夫移至电视是一项明智之举，因为电影业在全盛期后就受到电视、广播的严重冲击。邵逸夫电视事业的成功是因为他的审时度势，掌握了市场的变化。但是，如果没有电影的先进技术，邵逸夫的电视也不会做得绘声绘色。可见，一个成功的企业对于现今技术的需求是非常大的。邵逸夫的每一次转变无疑是成功的。但是，这与他的独到眼光是密不可分的。所以，邵逸夫是成功的。

任何的企业如果离开了技术的支持，那么企业就只是一个空壳子，没有一点的用途了。企业技术革新应该是周期性的，让企业的技术始终处于领先地位，这样才能保证企业在面对客户需求的时候有良好的应变能力。在其他企业的技术还处于老化状态的时候，先进的技术就是赢得合作机会的有利条件。管理者也会从中收获更多的效益。

每个行业都有生命周期，当企业的生命周期变短时，会使市场中的很多产品走向衰退。这种衰退是经营周期所造成的。技术革新创造了替代品。这种衰退的过程可快可慢。企业要想在衰退期间生存下来，就需要认清行业的衰退情况，根据企业自身的条件来选择有力的竞争战略。同时，也不能忘记更新自身的技术。如此，才能帮助企业获取尽可能多的利益。最重要的，在衰退时期，企业要尽早地确定自身的战略方向，若是犹豫不决，只能给企业带来更大的损失。

有些企业为了节省成本，忽视技术的进步与革新，这样做是大错特错的。技术革新虽然会让企业成本增加，但是收益也在同样增长。如果管理者只看重眼前这点利润，忽视长久效益的话，那么，企业的经营也将很难维持，离被淘汰也就不远了。所以技术革新不能断。

企业的技术进步了，才能创造出更先进的产品，获得消费者的青睐。一个永不更新技术的企业，只能在市场的竞争中被淹没、淘汰。所以，企业管理者在管理公司的同时，也要时刻注意企业的技术是否需要更新，随时关注市场上的新技术能否为企业带来利益，创造利益。一旦可以，就要更新技术。管理者时刻掌握最新的技术信息也是为了企业发展可以收获更多的效益。只有技术革新，技术进步，企业才能长久发展，收获更长远的利益。

管理者要真正了解客户的需求

企业想要获得成功，关键在于了解并满足客户的需求。只有企业的管理者真正了解客户的需求以后，才能有的放矢地将公司的产品销售出去，使企业获得成功。当然，企业经营过程中遇到的问题也是层出不穷的。如果企业盲目地推出新产品而忽略了消费者的需求，迫使消费者接受新产品，那么企业也不会成功，新产品只会被消费者抛弃。

大多数的管理者都知道真正了解客户需求的重要性，客户真正的需求则是企业成功的决定性因素。然而，当管理者在发现客户需求出现错误导向的时候，有些管理者不能勇敢地指出客户的错误，而是任由自己的产品销售，最终在消费者那里得到的对于产品的评价也是不好的。

当所有的管理者都奉行“顾客永远是对的”的时候，阿里巴巴的CEO马云却说出这样的一句话：“客户大部分时间是错误的。”为什么马云会说这样的话，这不是对客户的不尊重吗？原来，马云说出这样的话并不是没有根据的。正是因为他亲自经历过这样的事，才会得出这样的结论。

杭州有一家非常有名气的饭店，如果想要去这家饭店吃饭，甚至需要提前一个星期预订座位。马云曾约了一个客户到这家饭店用餐，在马云点好菜后，他们坐在那里等着上菜，过了大概 5 分钟的样子，餐厅经理过来对马云说：“先生，您的菜再重新点一下吧。”马云疑惑地说：“怎么了?”餐厅经理说：“您的菜点错了，您刚才点了四个汤一个菜。回去的时候您一定会说菜不好，实际上是您菜点得不好，我们有很多非常好的菜，您应该点四个菜一个汤。”马云感觉这家饭店很人性化，还为客人着想。

经理继续对马云说：“其实您没必要点这么多的菜，两个人点这些就可以了，不够的话可以再点。”这家饭店给马云的感觉就是他们并没有像有些饭店一样，一见客人来，就说本店的龙虾怎么好，或者鲍鱼也不错，想让客人多花钱。

在这件事上，马云领悟到为客户服务的真谛就是为客户着想。只有客户满意了，企业才会成功，才能做大做强。“客户永远是对的”这一原则，在客户完全清楚自己要什么的前提下才是正确的，而因为一些条件的限制，客户往往并不清楚他们真正想要的是什么。饭店帮助客人选择出更合适的菜，避免让客人多花钱，同时也避免了客人在离开饭店以后对饭店的抱怨。这一点，也是其他饭店没有的。所以，产品先发制人，让顾客体验到舒服的服务，给顾客留下好的印象，使顾客对于产品有一个好的印象，是企业成功的关键。如果饭店不提醒马云，相信以后如果有人问起，马云也许会说这家饭店并没有传说中的那样好，菜也一般。

认真思考这件事，就能理解马云的意思了：很多时候公司都奉行“客户永远是对的”的原则，但是客户有时候是错误的，他们不知道企业家在干什么，而企业家则非常明白自己在干什么。马云的阿里巴巴是一个从事商务服务的企业，希望帮助大家在网上达成合作。所以马云对电子商务的交易有这样一句话：“它是一个工具，不是炸弹，使用这个工具，它能帮你把你的产品推广到全国、全世界，它能帮你在网站上收集其他人的信息，它能帮你加强内部的管理和调节。”马云的阿里巴巴网站现在已经做大做强，当 ebay 进入中国的时候，马云就已经想要做出自己的商务服务企业。所以，淘宝网才会有如今的成功。

企业应当充当一个工具或者一个渠道，向客户提供他想要的产品。如果企业在客户不明白自己想要什么的情况下仍然遵守“客户永远是对的”这一原则，企业往往会在失去客户之后甚至不知道为什么失去客户。企业想要向客户清楚地提供产品，最重要的就是读懂客户的心，了解客户真正的需求，然后有针对性地推出产品。所以，企业只有真正了解客户的需求才能让自己的产品先发制人。

可口可乐公司曾经推出过一款新口味的可口可乐饮料，但是，当公司大力推广新口味可乐的时候，却惨遭失败。这是因为可口可乐公司忽略了客户多年以来对于传统的可口可乐的情感。情况变得愈发的糟糕，众多的消费者开始上街游行示威，纷纷抵制新口味的可乐。最后可口可乐公司不得不出面道歉，并换回传统口味。

所以，企业想要成功，了解客户的真实需求是很重要的，马云就是一直奉行了解客户需求这一理念。马云常常说：“我认为，客户第一，员工第二，股东第三。投资者是阿里巴巴的娘舅，客户就是阿里巴巴的父母。”只有真正了解客户的需求，推出满足客户需求的产品，才是企业成功之道。

客户在大多数的情况下都是无知的，或者是一知半解的。所以，管理者一定要区别对待客户提出的各项要求。要知道，有些不懂行的客户会提出一些无理的要求，这些都源于客户的不懂行。因为他们担心受到欺骗，所以想方设法来“刁难”从而获得真实、全面的信息。只有管理者真正明白了这一点，才能使用正确的方法来引导客户，并满足客户的需求。

企业的管理者明白产品先发制人才能在市场中有竞争优势，可是，产品想要更好地先发制人，只有真正了解客户的需求才行。所以，企业管理者还是多多深入市场，了解客户的需求吧。

为团队制订一个“不可能”的目标

原通用电气公司总裁杰克·韦尔奇说过这样一句话：“我们发现，只要我们敢于朝着那些看似不可能的目标不懈努力，最终往往会如愿以偿。哪怕我们最后没有实现这一目标，我们也会发现，最终的结果肯定比我们预想的要好得多。”是的，只有朝着那些不可能的目标前进，才可能会实现。那些越是被人嘲笑的梦想，就越有实现的价值。管理团队也是如此。想要获得更好的收益，就要超越不可能的目标。一旦团队超越了不可能的目标，就会发现，收获的比预想的还要多。

韦尔奇在企业管理中有这样一个习惯：当下属向他汇报接下来的工作指标时，他会告诉对方：把你的目标乘以 2 然后去做吧！企业追求“不可能”的目标是非常具有深远意义的。长远的目标，不可能的目标可以使员工工作得更加努力，公司收益逐渐增加，企业获得更好的效益。

福特汽车的事例中就能清楚地看到“追求不可能”的目标这一点的重要性。为了使汽车具备更好的性能，亨利·福特决定要生产一种具有 8 只汽缸的引擎。然而这在当时几乎是不可能的任务。但是，亨利·福特却不听，一定要工程师们实现这个看似不可能的目标。设计师们对这个任务非常反对，但亨利·福特坚持认为：“无论如何也要生产出这种引擎，去做，直到你们成功为止，不管需要多长时间。”于是全体员工不得不将全部的精力投入 8 缸引擎的研发中去。很快，一年过去了，工程师告诉福特：“还有很多关键的问题没有解决。”但福特依然坚持，说：“继续去做，一定要研制出这种 8 缸引擎，这是我们的目标。”最终，工程师们找到了诀窍，成功地研制出了 8 缸引擎。不仅这样，员工们在福特这种不断追求高目标的精神的影响下，也形成了一种克服困难、不断进取的行为习惯。正如摩托罗拉创始人高尔文说的那样："有时我们必须凭信念来采取行动，这种信念就是，一些重要的事情虽然不可证实，却可以做到。"福特汽车的成功就是因为不停地追求不可能的目标，并且让看似不可能的目标逐一实现。

企业想要获得更好的效益，只看重眼前的蝇头小利是不可能成功的。只有去追求那些不可能实现的目标，才可以让企业赢得漂亮，赢得彻底。任何的目标，看似困难，但是等到真正变为现实的那一天，就会变得非常容易。而且，追求不可能目标的过程也是管理者管理公司员工的一个好机会。培养员工不断进取的精神，让员工不断地克服困难，挑战不可能，这样，企业的员工才可以发展得更好，企业的经营也会更加顺利。那些"不可能"，实则是内心对于自己的否定，因此，不要害怕，勇敢地追求不可能的目标，以实现效益的最大化。

拿破仑·波拿巴是一位军事家，曾经在欧洲大陆所向披靡，他的名字令他的敌人闻风丧胆，他领导的军队几乎战无不胜，他是一个在世界历史上都写下重要篇章的伟大人物。他的成功，也是由于他不断地追求不可能的目标。

拿破仑的一生颇为传奇，但是任何一个奇迹都是他自己创造出来的。他曾冒着严寒率领军队翻越阿尔卑斯山并且打败装备先进的英国和奥地利联军，而这次战役，就是一次非常具有传奇色彩的经历。

当英奥联军将拿破仑的属下马塞纳率领的军队围困住以后，拿破仑被激怒了，他发誓一定要让英奥联军尝到苦头。然而愤怒的拿破仑并没有丧失理智，他清楚地知道，如果不及时救援马塞纳率领的军队，那这支精锐的军队很可能覆灭。但是要想及时救援必须率领军队翻过阿尔卑斯山。于是拿破仑率领军队开始翻越阿尔卑斯山。阿尔卑斯山的严寒环境也是一个阻碍，可是，就是这样一个不可能的任务，最终使拿破仑一举击败英奥联军。马塞纳的军队得到了支援，法军再一次获得了战役的胜利。

拿破仑创造的奇迹，是因为他具有挑战不可能目标的勇气。翻越阿尔卑斯山，途中的艰辛又怎是可以想象得出来的。虽然艰辛，但只有翻越过去，才能营救军队。所以，看似不可能的任务，拿破仑做到了，他取得了战争的胜利。

人的潜能是巨大的，人们自己也不清楚自己到底拥有多大的潜能，所以，不逼自己一把，永远不知道自己的潜能到底有多大，永远不知道能实现多高的目标。在面对不可能的目标时，适时地逼自己一把，让潜能充分地发挥出来。因此，作为企业的管理者，应该制定出卓越的目标，挖掘出员工最大的潜能，帮助员工克服那些不可能的事情，实现公司效益的最大化。

虽然有些不可能的目标很难实现。但就算最终目标没有实现，公司的管理者也应该发现，结果比预期目标要好得多。所以，企业管理者衡量员工的标准，并不是是否实现了预定目标，而是这一次与上一次成绩相比，员工是否有明显的进步，是否在追求的过程中变得更好。当员工挫败时，企业管理者应该鼓励他们，而不是惩罚他们。一旦员工在面临失败的时候遭受了批评，就会失去工作的积极性，任何方式的激励也就没有意义了。所以请记住，管理者制定出的“不可能”的目标，只是一种激励员工的手段，而不是考核员工的标准。

为团队制订一个清晰的目标

杰克·韦尔奇想要推行一项变革或实现一个目标的时候，会在通用电气公司的每个角落，用出色的表演天赋和演讲能力向每一位员工进行宣讲。也正是因为韦尔奇的坚持不懈，他所规划的每一项变革都得到了实施，每一个目标都实现了。所以，清晰的目标绝对是他成功路上必不可少的因素之一。

有人对如何建设一流的团队做过这样一个调查，70% 以上的团队成员最希望团队领导指明目标或者方向，接近 80% 的团队领导希望团队成员朝着目标前进。由此可见，目标在团队建设中具有非常重要的意义。目标是团队里所有的人都关心的事情。没有目标，所有的行动都将成为没有前途的苦役。只有目标清晰明确才能让人们看到希望的曙光。清晰的目标可以让员工的动力大增，也可以让管理者更加清楚企业发展的方向与趋势。企业想要追求宏伟的目标，首先要让员工树立起清晰的目标，这样，团队合作才能走向成功。

目标可以作为管理者的一种管理方法，著名管理学家彼得·德鲁克认为：并不是有了工作才有目标，相反地，是有了目标才能确定每个人的工作。每个团队都有自己的目标和任务，所有的任务都必须先转化为目标才能实现。也就是说，要让员工把任务转为目标，逐一实现目标，也就是将任务一个一个地实现。重要的是，团队里所有人的目标都应该是一致的，如果方向不一致，那么团队里就很可能发生冲突以及浪费时间。只有逐一完成每一个目标，团队的整体任务才能实现。

一位部门经理经常为目标得不到实现而感到苦恼。尽管每一次他将目标清晰、准确地传达给下属员工，但在执行过程中，还是会产生各种各样的问题。部门经理每次都感到万分苦恼。这种情况一点好转的迹象也没有。为了解决这种情况，部门经理想了很多种方法但效果总是不尽如人意。甚至当他反复强调目标的时候，下属会表现得非常的不耐烦，说：“你已经强调了很多次了!”这种情况真的是让经理感到头疼。

后来，经理发现员工们有一个共同的习惯：午餐后喜欢坐在院子里的石头上聊天。于是他突发奇想，把目标刻到了石头上。最初，人们也是以嘲笑的态度对待石头上的文字。不久后，刻在石头上的目标就起了作用，员工们开始反思并相互提醒：“我这么做是不是和目标有些不一样啊?”“你的目标实现了吗?”

员工之间这样的沟通越来越多，每位员工的心中也有了团队目标。更重要的是，员工们开始制定目标，按计划来完成目标，工作效率大幅提高，企业也得到了很好的效益。制订出清晰的目标，让员工的心中都有团队的目标，这样，所有成员都朝着一个方向努力前进。团队合作的最大化，就是企业收益的最大化。

部门经理把目标刻在石头上，目标不能轻易地抹去，这也是在告诉员工：我们必须坚定不移地去实现目标，不能改变。所以，逐渐地，石头上的目标就会转为员工们的心中目标，所有的员工也会为了同样的目标而努力前进。目标的作用就是为了让员工清楚地知道自己的任务是什么，自己应该做什么。只有树立了清晰的目标，让员工劲往一处使，才可以帮助企业走向成功。

这是一个非常好的激励员工的办法，但并不是所有的管理者都可以奉行这种办法，因为不是所有的管理者都拥有同样的院子和石头。但是，管理者可以拥有同样的思维去激励员工。只要善于开动脑筋，管理者就会找到属于自己的“石头”来激励员工，让员工有清晰的目标，比如办公室的一面墙、员工的休息室等，利用这些资源让员工感受到目标带来的动力，这些地方都是管理者描绘目标的好地方。只有员工具有清晰的目标了，管理者想要实现的目标才能得以实现。所以，让员工有目标去实现、去完成，才是企业成功路上的最大助力。

管理者制订的目标是相对于员工工作业绩来说的，因此管理者在确定目标的时候，必须着重考虑员工的工作能力。只有根据员工自身的工作条件制订出合适的、具有可行性的目标，这样员工的工作动力才会大增，才会在面对目标的时候不至于畏缩。而企业想要的预期效果也会实现。管理者制订出的目标，还应该根据企业当前的发展情况，如果企业发展得非常顺利，就可以制订一些长远的目标，让员工明白只有企业发展得好了，员工的收获才会更好。

团队目标应该明确，要用具体的语言，清楚地说明要完成的结果是什么。一旦目标定得模糊不清，团队成员就不能很好地理解这个目标，那么，目标的实现就有很大的困难。清晰的目标不仅可以调动员工的工作热情，还可以激发员工的潜能，目标的实现还能给员工及整个的团队带来成就感。

如果管理者无法判断制订的目标是否能实现，那么，目标实现的标准就会不明确。员工心中对于这个目标也会抱有疑惑，最终目标也不会实现。所以，管理者要让员工对于目标有清晰的认识，才是目标实现的基础。

比别人再多想几步

目光长远的人、有远大抱负的人会更看重未来的收益，懂得放长线钓大鱼。不同的人眼光不同，有些人往往只看到眼前的利益，这种人目光短浅，急功近利，暂时的表现可能很出色，但是做事的能力不强，甚至只是停留在现有的水平上，缺乏对未来的把握和规划的能力。管理者在经营企业的过程中，不仅需要将目光放得长远一些，必要时也要懂得寻求合作。

企业的经营同样需要放长线钓大鱼，只有给企业制定一个长远的、可行的计划，企业才会长久持续地经营下去。所以，企业管理者不能只看重眼前的利益，要把目光从内部扩大到外部，从眼前的利益延伸到长远利益，对企业发展进行系统的思考。企业管理者要从内到外地对企业进行分析，了解企业发展的优势与不足，懂得扬长避短，让企业的优势得以最大限度地发挥，从而收获更多的利益。

著名的“钢铁大王”安德鲁·卡内基创业之初恰巧是美国的南北战争时期。战争导致铁路桥梁被毁，损失惨重，但国家仍然要及时地对铁路进行补修和重建的工作，然而，在铁路这方面的耗资是非常巨大的。卡内基马上发现了可以赚钱的机会，所以他想要成立一个铁桥建设公司。当时好多人劝他不要去冒险。但他下定决心，决定去实现。于是他四处筹集资金，建立铁桥建设公司。在当时，很少有专门从事这一行业的公司。卡内基铁桥建设公司成立后，工程不断，效益也是很好的。然而当他的事业鼎盛之时，他却放弃了自己一手创建的铁桥建设公司，改行去做别的，让一切从零开始。很多人劝阻卡内基，但是卡内基不以为然，他坚持相信自己的判断。卡内基认为："美洲大陆现在是铁路时代、钢铁时代。需要建造铁桥、火车头和铁轨，钢铁生意将是一本万利的。"铁路会成为美国最赚钱的行业，于是，他决定把自己的事业改为向钢铁方面发展。1872 年，卡内基在匹兹堡的南面建起了一座钢铁厂，是当时美国规模最大的钢铁厂。卡内基的事业再次走向辉煌。

卡内基的两次投资无疑是成功的。卡内基特别注意鼓励工人放远目光，特别是技术人员。而且，卡内基还非常注重技术的革新，学习最先进的技术，这也是卡内基企业的生产力一直处于领先地位的原因。卡内基本人，他更是十分关注市场最新的变化，分析市场的走向等，以制订出最有效的、符合事实的经营策略，所以他是成功的企业家。

卡内基的成功，就是因为他将眼光放长远，并且及时地抓住了机遇。管理者同样应该如此。企业想要做大做强，就要将目光远大，放眼未来，及时抓住机遇，为公司发展带来机遇，这样，企业才能更好地发展下去。卡内基的成功在于他看到未来的发展，及时地抓住了机遇。所以，作为一个企业的管理人员，要对市场的走向有深刻的了解，只有这样，才能在变化复杂的市场中找到机遇，发展企业。这也需要管理者具备良好的观察力和理智清晰的思考能力。一个只看重眼前利益的管理者是不能很好地管理公司的。

摩根，美国著名的财富大亨，在掌控市场方面有他独到的智慧。当时的华尔街商行林立，竞争非常激烈，但摩根并没有像其他公司那样，时刻想着怎样同对手一较高低，抢占更多的市场。他把目光放长远，认为竞争浪费时间并且消耗自身实力，与其想尽办法与对手拼个你死我活，不如联合其他的公司，共同合作，寻求一条繁荣稳定的道路。与其他公司的联合、合作不仅可以避免竞争带来的负面作用，还可以快速地让自己的企业变得强大。在这一理念的引导下，摩根与查斯·达布尼在 1864 年一起组建了达布尼－摩根公司，从事债券及通货和黄金的买卖。随后，在 1873 年，摩根和安东尼·德雷克歇联合组建德雷克歇摩根公司。不断地合作，使他们很快成为最强的投资金融商行。长时间的运转，使摩根在公债市场处于统治地位。

到1900年为止，摩根公司已经成为美国最强大的铁路公司。以摩根公司为轴心，从金融到铁路再到钢铁，形成连锁、严密的管理体系。人们把摩根比喻为华尔街的“众神之王”。“银行家中的银行家”是美国金融界对摩根的称号。摩根的成功也是金融界一抹传奇的色彩。摩根并没有像其他企业那样，选择与对手拼到底，而是选择与人联合，创造一个更强大的体系，这样，既可以降低企业在面临困难时的风险，又可以在合作中壮大自己的公司。这种做法也正好体现了摩根的长远目光。

企业想要发展离不开竞争，但是过度的竞争就会给企业带来危害。根据市场的形势，建立符合自己公司发展的体系，向其他的公司寻求合作，共同创造，共同进退，也是管理者在管理企业中可以做到的。一个企业如果一味地想要战胜别人，那么，企业也很难生存下去。对企业的管理者而言，想要把自己的企业做大做强，就应该把目标变得远大，将眼光放得长远一些，做到放眼未来。管理者只有这样做，才会使企业得到更大的发展和效益。

作为一个企业的管理者，不能因为眼前的小利而忽视了长远的利益。有一些企业家就是因为贪恋眼前的小利，最终使公司走向破产。盲目地追求眼前的利益，最终也会失去更大的利益。管理者将目光放长远一些，未来的利益才是真正的利益，放长线钓大鱼，争取让企业获得更好的收益。企业经营不能急功近利，一口吃个胖子是异想天开。企业只有长久地经营下去，才能够收获更多的利益。

未雨绸缪，以防万一

在企业的运营发展过程中，随时都可能会发生一些突发事件，让企业措手不及。突发的事件，如果管理者不能从容处理、应对的话，不仅对管理者是个非常大的考验，还会影响企业的发展，甚至使企业走向破产。一些优秀的成功的公司并不是在市场的竞争中淘汰的，而是对于突发的事件不能很好地应对，应变的能力太差。对此，管理者要针对企业的管理环境，在企业内部形成一种应对机制，并且使这种机制得到员工的广泛认可。

没有一家企业能够逃避灾难的突然袭击，当出现一些意外事件的时候，如果没有良好的应对机制，企业内部的员工就会人心惶惶，企业也会陷入被动的状态，对于事件的发展不能妥善地处理，会让事件愈演愈烈。

南宋时期，杭州城失火，失火的地方正是最繁华的地方。火势非常迅猛，蔓延的速度也非常快，几乎所有的房屋商铺都葬身于火海之中，繁华的城市转瞬间化为了废墟。

杭州城里有一位裴姓的富商，辛辛苦苦经营半生的几间当铺和珠宝店恰巧也在繁华的城市中，大火持续，眼看着他的心血就要被大火毁于一旦了，这时他不但没有让伙计和奴仆去抢救珠宝财物，反而从容地指挥他们撤离，仿佛大火中燃烧的并不是他的店铺，他这样的行为让所有人感到不解。

之后他派人去购买大量的建筑用材。当这些建筑材料买回来之后，他依然非常地从容淡定，饮酒品茶，好不自在，好像失火这件事情从来没有发生过一样。

大火连烧数天之后终于被扑灭了，曾经繁华的杭州城，已经是一片废墟。没过几日，朝廷下旨要重建杭州城，并且告知凡是经营建筑用材的人一律免税。于是杭州城内开始大兴土木，建筑用材的供不应求导致价格陡涨。这时，裴姓商人抛售建材，获得巨大的利润，利润的数额远远超过被火灾毁灭的财产。

这个案例虽然久远，但是其中蕴含的经营智慧却显而易见。管理者在面对企业危机的时候，是否能够做到像裴姓商人那样，有对紧急事件的应对措施，而不是慌了手脚呢？管理者可能会遇到种种的问题，但是，针对问题的发生，是否有应急的预案，能够让企业的损失降到最小？管理者真的能够很好地应对突发事件的发生吗？这些问题管理者应该常常思考，然后，根据自身公司的实际情况，制定出应急的方案，帮助公司更好地度过危机，减少损失。

对于紧急事件、突发事件，管理者想要更好地解决它，就需要有一个较为完善的应对制度，帮助企业度过危机。但是想要制定出完善的应对体系，管理者不仅要根据自身企业的条件，具体问题具体分析，还需要明确企业中哪些环节比较薄弱，容易出现危机，对脆弱的环节进行风险评估，知道这些薄弱环节会对企业造成什么样的影响，以及事件发生的时候，首先应该做什么，将损失降到最低。

一旦管理者做到这些，对于突发的事件也可以有一个很好的了解，知道在危难中企业应该做什么，薄弱的环节应该如何加强，有条不紊地实行。同样地，管理者还要对企业中可发生意外的事情做出排序，并列出造成的损失大小。企业遭受的风险程度越高，损失就越大，这件事情就应该作为重点提防的对象，避免产生更大的损失。

一些事情是突然发生的，所以这就需要管理者在事件发生的时候及时地制定应对的方案，让企业可以更好地度过危机。当紧急事件发生的时候，管理者需要一份行动指南，让员工更加有条不紊地执行，比如哪些部门进行决策，哪些部门是可以正常运转的，对于风险的评估，细节问题的处理，企业中一些设备的保护，如何避免更大的损失，等等。管理者还要根据事件的大小制定详细的应对方案，争取将损失降到最小。

当管理者的应急方案制定好的时候，接下来就是实行了。员工在面对突发事件的时候，第一反应肯定是慌张，所以，管理者还要让员工镇定下来，通知员工，让他们明白自己应该做的事情。有些危机，仅仅靠企业内部的员工是不行的，管理者还要适时地向外界的专业人士求助，用他们的经验帮助企业应对突发事件。专业的人士还可以提供给管理者一些他自己的经验和建议，可以更好地帮助管理者完善应急方案。然后对员工进行培训，让员工在面对危机的时候不会手忙脚乱，还可以减轻紧急事件对于企业发展的消极影响。科学地培训员工可以挽救企业的生命。培训还可以提高员工的应对能力，保证企业整体的应对能力以及企业的正常运转，而不至于因为危机企业就垮掉。

在突发事件中，企业可能还有很多的问题要解决。但是，恢复企业的运转同等重要。如果竞争对手及时恢复了运转，对企业来说，又是一次危机。所以，管理者要对恢复运转做好准备，做到合理有序地恢复企业的运转，避免其他的麻烦。所以，管理者要提前做好计划，有相应的制度。当面对突发事件的时候，可以很好地恢复，让企业更好地运转。

每个企业都会遇到突发事件，能够很好地应对突发的事件，也是企业体现实力的表现。管理者应对突发的事件，及时地做好对策，同时，也应该提前设有计划，让企业更好地度过突发事件带来的危机。

执行力是战略的根基

在企业管理中，执行是非常重要的一个环节。如果没有执行，企业制定再好的战略或目标都不可能实现，企业想要更好地发展也是一句空话。所以，管理者一定要提高企业的执行力，建立健全企业的执行系统，各级执行者能够清楚地明白各自执行的任务是什么，以及重点和难点。企业管理中，只有执行到位，才能发展和壮大企业，完成企业的目标。

如今的佳能，经过几十年的努力奋斗，已经是全球领先的生产影像与信息产品的综合集团，已经成功地将佳能的业务全球化，并且遍布行业的各个领域。目前，佳能的主要产品包括照相机及镜头、数码相机等。而佳能的成功，很大程度上取决于佳能公司强大的执行力。

日本公司的成功在于对现代技术的应用，强力角逐和高度重视信息技术市场，这使日本企业迅速占据了家用电器和办公设备等领域，并且长时间处于统治地位。在佳能的发展过程中，科技创新始终扮演着重要的角色。佳能不断创新，从照相机到办公设备再到数字设备，无疑是成功的。

佳能公司凭借光学技术起家，先后研制出复印机、气泡喷墨打印技术等，这些都是佳能公司一步一步努力的结果。佳能公司制定的计划，也都逐一实现。佳能的成功经验值得借鉴。

佳能公司的社长御手洗先生将佳能分成两个30年：第一个30年佳能得到了产品质量好和技术革新的赞誉，同时也是佳能产品技术突破的阶段；佳能的第二个30年：坚持“右手抓照相机，左手抓办公设备”这句口号，佳能决定实现第二个基本战略计划：产品的多样化。于是，佳能在办公设备、电子、电子仪器等领域进行开发。

在佳能公司的目标中有这样一段话：“我们将以领先的技术创造出最优秀的产品，我们有这种责任和义务。为了达到这个目标，我们将在R&D（研究和开发）、产品计划和市场营销领域以一种进取的态度团结努力。”这种思想渗透到了公司的各个部门，每个部门执行落实，才会有如今的佳能公司。可见，企业中，执行到位，完成设定的目标，会给企业带来怎样的收益。

佳能公司的执行体制使项目的经营活动和管理活动紧密地结合起来，从而实现企业的经营效率和保证了产品的创新。正是因为佳能公司把执行力落实到了公司的每一角落，使执行变得更加彻底，才会有如今的成功。落实执行，让执行更到位是每一位管理者管理企业时的重中之重，只有贯彻落实执行，将执行落实到企业的每一角落，每一项任务中，才能更彻底、更到位地执行，才能使企业得到更好的发展。

有一些企业决策是一回事，执行就是另一回事了。这样的做法是阻止企业发展的障碍物。不能很好地落实执行，贯彻执行，只能让企业的效率变得低下，企业活力下降。所以，管理者在经营过程中，要时刻注意各个部门是否真正的落实执行，并将执行贯彻到底。

只有执行彻底，才可以帮助企业更好地发展。能够高效迅速地完成任务，并且在完成的过程中创新，让公司的产品不断地完善，使企业获得更好的效益，也是企业成功的因素。

想要提高员工的执行能力，管理者可以尝试从以下几个方面着手：

1. **让员工认同企业文化。**

帮助员工掌握企业的工作方法、做事原则，概括来说就是让员工认同企业在发展过程中的精神财富，只有认同了企业文化，员工才能更好地完成执行。员工对于企业文化的认同，就是执行最有力的帮助。

2. **统一员工的观念。**

针对不同的问题，统一世界观和价值观。也就是说，在企业发展过程中，要让员工的心成一条线，增强凝聚力。让员工以积极的态度面对工作，这样执行才能更彻底。只要员工的观念统一了，人心是齐的，能够朝着一个方向前进，企业离成功也就不远了。

3. **有明确目标。**

让员工明确地知道公司的目标是什么。企业可以帮助员工更好地落实执行。目标是企业发展的动力，没有目标的企业会被市场淘汰出局。所以，企业要制定出明确的目标，并且让每位员工都清楚地知道目标。清晰、明确的目标是执行的方向，只有目标清晰了，执行才会更有动力。

4. **细化执行方案。**

细化执行方案可以帮助员工更好地了解自己的任务，知道自己在执行过程中应该做什么，遇到困难时应该如何解决等。每一个任务都应该有相应的执行方案，所以，制定出一个详细的执行方案也是必不可少的。

企业想要拥有高效的执行力，还需要根据自身的特点来制定计划。但是，只有企业执行力变得快速高效了，企业的运转才能更好，才能够收获更多的效益。企业高效的执行力也是成功路上必不可少的因素之一。

第四章　文化管理

——看不见的财富

一个企业文化价值的高低，体现在不同方面。如果员工对企业某些文化不赞同或者反感的话，会导致员工的流失。企业文化不仅可以潜移默化地影响员工，还可以增强员工的归属感与责任感，员工的心稳定了，企业的发展才会持续。企业文化也是道德底线，质量面前的把关，利益面前的取舍，这些无不体现企业价值。

建立独特的企业文化

在一个企业中，员工不仅要拥有过硬的工作能力，更重要的是要认同企业的价值观。只有认同企业价值观的人才能在企业中发展下去，如果员工的价值观和企业不符合，是很难在企业中继续发展的。

想要员工认同企业价值观，就要充分理解企业文化包含的意义：

1. **企业文化是企业的“外包装”**。

我们将企业比作一件产品，那么企业文化就是产品外包装，而具体的价值观，就是包装上的说明文字。产品的包装有利于产品的销售和推广，同理，一个企业的文化，有利于人们更好地认识这个企业，增加企业在市场中、在客户中、在员工中的竞争力。

2. **企业文化是公司的思想精髓**。

企业文化是一个公司的思想精髓，通常通过一个公司的企业文化就可以看出这个公司老板的价值观，企业文化相当于公司的软性广告，可以在无意识间将企业的中心思想传达给员工，减少员工的抵触情绪，节约了大量的时间成本；与此同时企业文化可以把老板的思想准确地传达给外界。

3. **企业文化是不成文的规矩**。

公司有很多事情是无法用制度规定的。虽然没有具体的规章制度，但大家都愿意去遵守，成为企业中不成文的规矩。而企业老板将这些规矩进行集中、提炼，形成了企业文化。将企业文化和制度相结合，可以更好地管理公司，降低公司管理成本，提高企业的执行力。

4. **企业文化是宗教**。

宗教就是一种信仰，一个人的精神决定了他在这个世界上是如何存在的。

企业文化就是企业中的宗教，它将思想传播给员工，并使之相信。使员工愿意为了自己的信仰去努力工作，得到自己想要的幸福感。

老板只有充分理解文化的意义，才能创造出优秀的企业文化，更好地利用企业文化，以使公司更进一步，达到屹立不倒的境界。

以人为本，以爱为源

一个充满爱的企业往往会比普通企业发展的更有力量。爱是一种精神力量，在充满爱的环境下工作，往往会更加的快乐、幸福、充满激情和力量。一个企业爱的精神力量，会给员工带来巨大的动力。所以企业管理者要学会爱企业的员工。

一个管理者要明白，员工不仅仅是企业的雇员，还是帮你制造财富的伙伴。需要公司与他们保持和谐、共同发展的友谊关系。一个企业如何维持与员工的这种关系呢？首先就要关心员工，把员工当作自己的亲人、朋友，要给员工一种“企业就是家”的感觉。不是把员工当作生产的机器，而是为他们创造一个舒适融洽的工作环境，让员工自愿为企业贡献自己最大的力量，创造最好的效益，以达到双方更加良好的合作方式。

现在很多企业都实行“以人为本”的管理模式，在企业的管理中，更加注重人的重要性，以人为出发点和中心，实现人与企业共同发展。中华民族传承着很多的传统美德，如“滴水之恩，涌泉相报”，“以直报怨，以德报德”，一家企业只有关心爱护员工，员工才会给予足够的回报，认真努力地去工作。一个只知道剥削员工的企业只能得到员工的抱怨。

英国的克拉克公司原本是一家很小的公司，只有5个员工和2辆汽车，帮顾客给草坪施肥、喷药这样简单的事情就是公司的业务，然而仅仅10年的时间，他的员工数量就达到了5000人，营业额也达到了3亿英镑。这与其经营思想、管理方针关系十分密切，外界称克拉克为一家真正体现“爱的思想”的企业。就是这样不合常规的以“爱”为宗旨的经营理念，给这家企业带来了巨大的成功。

克拉克公司的文化理念来源于创始人克拉克的老父亲传下来的一个信条：“将员工放在首位，顾客其次。”克拉克公司一直坚持这个理念，将员工放在第一位，对待员工与朋友一般关心、呵护，而喷药、施肥的工人被公司称为令人尊敬的“草坪养护专家”，是公司里最为重要的人。

老板克拉克关心职工，并不是只做在表面上。一次，克拉克无意间发现了一个旧船坞，想要将买下来改造成职工的免费度假场所。可是企业高级财务管理人员通过细致的计算，发现公司的资金不足以支撑这个计划。他们费了好大劲，才打消了克拉克的这个念头。

过了没多久，克拉克又提起这个话题，他寻找到一片沙滩想要在那里修建职工度假村，可是仍然没有获得财务人员的同意，于是他就偷偷地买下来一艘豪华游轮，让职工度假。而且还包租了一架大型客机，让工人外出旅游。克拉克要求主管财务的副总裁签字的时候，根本不知道公司能不能付出那么的金钱，可是当看到员工们欣喜的表情之时，他觉得十分的开心。在克拉克眼里，能够让员工感觉到开心，是一件非常幸福的事情。

公司的领导人善待和爱护自己的员工，员工们自然而然地也会爱戴公司的领导，维护公司的利益。

满足员工的需求

企业的经营发展过程中，有一个至关重要的手段，那就是激励。企业的激励制度，可以让员工更好地工作，更好地发挥自己的才能。一个人去做一件事，往往是因为有所需求。所以，管理者想要更好地发展企业，让企业实现目标，就需要了解并满足员工的需求。管理者想要员工去实现目标，就需要满足员工的需求。

世界著名的沃尔玛公司十分关心自己的员工。公司的领导几乎都有“我们关心我们的员工”字样的纽扣。他们注重员工的意见，不断地和员工沟通，了解员工的需求。萨姆·沃尔顿曾经对干部们说：“关键在于深入商店，听一听各个合伙人讲的是什么。那些最妙的主意都是店员和伙计们想出来的。”

萨姆·沃尔顿认为，在企业里，管理者用恐吓和训斥的方法管理员工，这是非常错误的。这样的管理者是不称职的。如果企业只有通过训斥或恐吓来经营，那么更多的是让员工感到紧张、不安，害怕自己因为犯了错误被责骂，同时，有问题也不敢提出来，即使是对企业发展有帮助的意见和建议。这样下去，企业只会越变越糟，员工工作的积极性和主动性都会下降。

萨姆·沃尔顿就会经常突然地到公司的各个商店，关心员工，询问基层的员工的需求，通过与员工聊天，了解他们的需要，并及时满足员工。沃尔玛公司的一位职员回忆说：“我们盼望董事长来商店参观时的感觉，就像等待一位伟大的运动员、电影明星或政府首脑一样。但他一走进商店，我们原先那种敬畏的心情立即就被一种亲密感受所取代。他以自己的平易近人将笼罩在他身上的那种传奇和神秘色彩一扫而光。参观结束后，商店里的每一个人都清楚，他对我们所做的贡献怀有感激之情，不管它多么微不足道。每个员工似乎都感到了自身的重要性。这几乎就像老朋友来看你一样。”所以，沃尔玛才会有今天如此显赫的成就。

沃尔顿认为，在沃尔玛公司，管理者必须了解员工的需求，尊重和赞赏他们，对他们表现出关心，这样才能帮助他们成长，才可以更好地帮助企业发展。管理者想要实现企业的目标，和员工的沟通就必不可少。只有真诚地关心员工，让员工感受到被关怀、被尊重，员工才会在工作中产生动力。当然，满足员工的需求是更大的动力。企业渴望长久的发展、取得成功，需要员工的帮助。

管理者真诚地和员工沟通，了解员工的需求，及时地满足员工的需求，对员工来说是一种关心。管理者和员工沟通的同时，详细了解员工的需求，对症下药，制定出合理的激励机制，让员工更有动力工作。沟通的同时，管理者还可以获得有利于企业发展的意见和建议，可以帮助企业更好地发展下去。

员工的需求是不同的，但是，无外乎是升职加薪。每个人的性格都是不同的，有的人喜静，有的人喜闹，所以，当员工渴望升职的时候，管理者就要根据员工自身的性格特点来分配工作，只有为员工安排的职位与他的性格相匹配，才能让他感到满意，在工作的时候，就会更加有动力，积极性和创造也会增强，对于工作有意见和建议都会及时反映，更好地帮助企业成长。

管理者还要根据员工的优势，为每位员工设定一个目标。清晰的目标会让员工的动力大增，而员工的动力则是企业效益的保证。目标越清晰，动力越大。当员工完成目标的时候，管理者适时地奖励员工，也会增加员工的自信心。当员工完成了目标，最需要的就是奖励，管理者一定要满足他这个需求。在今后的工作中，员工为了得到奖励，他就会更加努力地完成任务。这种强化的办法，在团队中也是非常有效果的。

管理者要针对不同员工的不同需求，给予不同的奖励。在团队中，有的员工想要升职加薪，但有的员工是希望有更多休假的机会，管理者需要针对性地满足他们。所以，管理者可以针对员工的差异，对他们进行不同的奖励。

员工的需求是员工工作的动力，当员工有工作动力的时候，工作就会变得更有效率，因为有想要得到的，所以会努力付出。员工为企业拼搏，企业应该满足员工的需求。当员工的需求得到满足，工作就会有动力。这是一个良性循环，可以帮助企业更好地发展。管理者想要企业更好发展，就需要借助员工的力量，而想要借助员工的力量，就要让员工不断地完成目标，不断地创造效益。

当然，员工的需求并不意味着全部满足。一旦管理者无法满足员工的需求的时候，员工就会失去积极性，工作效率也会降低。管理者满足员工的需求，同时也要让员工明白，需求合理才可以，无理的需求是不能被满足的。

满足员工的需求，还应该慢慢来。员工实现一点小的成就，管理者可以表扬一下，让员工明白，实现大的成就才可以有更好的回报。如果员工养成一旦完成一个目标，无论大小，都渴望回报的话，那么，员工就会产生急功近利的心理，这不利于员工的发展，对企业的发展也是有害的。

听取员工的意见

企业管理中，并不是管理者一个人说了算的，有些时候，管理者也要给员工说话的机会，让员工可以表达自己的想法，员工的想法，在很大程度上有利于企业的发展。在企业中最忌讳的是管理者一人独大，听不进他人的意见，认为自己是绝对正确的。

企业想要得到更好的发展，就一定要重视员工的话语权。员工对于公司的发展和公司的产品有着与管理者不同的意见和思考的方式。给员工说话的机会，从员工中获得方法，让员工的作用得到充分的发挥，有利于帮助产品和服务质量的不断改进。

世界巨头沃尔玛在中国区的发展蒸蒸日上。有记者采访到前沃尔玛中国区的总裁高福澜，他说沃尔玛在中国发展如此迅速的原因就是因为我们重视员工，让员工把自己的话说出来，为企业的发展做贡献。

这个世界零售业的巨头在中国的发展是有目共睹的。高福澜："说从我上任以来，已经走访了150多家的沃尔玛，在商场里我可以尽情地和员工交流、沟通，每周还会有例行的会议，让我了解公司的业务情况，但是，我更喜欢在商场里了解公司的业务。”

沃尔玛在中国有380多家商场，高福澜巡视的原因就是希望可以在现场聆听员工的想法。聆听对沃尔玛来讲是非常重要的，聆听员工的声音，聆听顾客声音，给员工说话的机会，让员工勇敢地表达自己的想法，这都是沃尔玛成功的原因。

沃尔玛能够发展成为现今世界上零售业的巨头，并且永远处于领先的地位，与沃尔玛聆听员工的心声，让员工说出自己的想法是有很大关系的。企业想要得到长久的发展，忽视员工的声音是绝对不行的。企业中，管理者的想法有的时候可能会有些片面，不周全，这个时候，员工的想法是从不同的角度考虑问题，使问题被思考得更加全面一些。

海尔的一位领导说过这样一句话：“要让时针走得准，必须控制好秒针的运行。”在企业中，企业就好比时针，员工就是秒针。企业想要每一步都走得非常的精准，实现目标，就要让员工在工作中实现目标，只有员工实现目标了，企业的目标才会实现。因此，海尔给每位员工都发了“建议卡”，员工在工作中有什么想法，有任何的建议，都可以提出来，帮助企业更好地完善。对于员工提出的合理化的建议，海尔公司会立即采纳并且实行，对建议提出者还有一定的奖励。对于一些不适用的建议也会给予员工回应，让员工知道自己的想法已经被考虑过，但是有一些欠缺，需要完善。这样会给员工被尊重的感觉，让员工更加勇敢地说出自己的内心的想法，可以帮助企业更好地发展。

员工也会有有利于企业发展的想法，所以企业的管理者让员工把自己心中的想法勇敢地表达出来，对于员工提出的意见和建议及时给予回馈，有利的想法及时采纳，需要完善的也要告诉员工，这样，员工才会源源不断地提出新的想法，企业的发展才会充满生机。

研华科技成立于台湾，何春盛担任研华科技中国区的总经理以来，企业的业绩保持高速增长的趋势。研华科技取得这样的成就，何春盛认为，与让员工把自己的想法说出来是分不开的。

在研华科技中，每个人都是平等的。何春盛说，当员工进入一家新公司的时候，看到遥远的组织结构图，不知道什么时候才能到最顶端，他的积极性就已经被打击了。但是每个公司又离不开这样的组织结构。所以在公司中营造出一种平等的气氛，就会让员工淡化组织结构，虽然在公司中有上下级，但还会让大家觉得亲切。而这种平等的气氛，有利于员工把自己的想法表达出来。

何春盛在公司里并没有自己单独的办公室，而是和员工在一起办公。何春盛说："当一个管理者把自己关在一个房间的时候，就代表着他和员工之间划出了一个有形的距离。"这种与员工一起办公的情形，会给员工更加平等的感觉，员工对于企业的发展也会提出更好的想法。

企业的管理者要鼓励员工把自己对企业的意见或建议讲出来。员工对于企业的疑问、不满，或者一些意见等，就应该让员工讲出来，说出来才不会出现不好的事情。解决问题的最好办法就是鼓励员工把话讲出来。如果企业的管理者连员工想什么都不清楚，解决问题就更加没有针对性。企业的发展也会出现越来越多的矛盾，对企业的发展也是有影响的。

因此，让员工勇敢地说出自己的想法，对企业的发展是有益的。企业发展过程中，如果员工的意见或者建议不能被采纳，企业就会遇到很多的问题，问题不能很好地解决，就会影响企业的发展。这样的恶性循环，是不利于企业发展的。只有管理者让员工把自己的想法说出来，帮助企业解决发展过程中遇到的问题，企业才能够及时地改正错误，这样，企业的发展才会长久。

企业想要长久地发展，就离不开员工的想法。有一些管理者对于员工的想法总是不以为然，忽视员工的想法，殊不知，这样做也是忽视企业未来的发展。企业一旦不重视员工的想法，员工就会觉得自己不被尊重，在工作中也会有消极的情绪，慢慢地就会开始抵制工作，工作不再有热情，时间长了，所有的员工都会选择离开公司，去寻求更好的发展了。管理者在企业的发展中，一定要重视员工的意见，给员工说话的机会，无数优秀企业的成功例子证明：只有给员工说话的机会，企业的发展才会更好更长久。

增强集体凝聚力

什么原因导致了团队将任务具体到每个人？因为这样做可以增加员工的责任感，从而促使员工为团队创造效益。还要保证个人责任与团队责任保持一致性，它们既是独立考核的，但同时又是一个整体，相互关联，密不可分。为了整体的公正性，每一种制度都需要细化到个人的身上。总体来说，所有的团队制度，不仅是对这个团队整体的规章制度，还是对每一名个体的管理、激励和监控。如果连个人责任都没有明确，如何谈到共同负责呢？

团队的成员，最希望遇见一个自己可以与其产生默契的团队，而团队里的成员与自己一样都充满活力和进取心，因此才会促使自己更愿意为自己的事业和工作而努力，而遇见那些与自己“志不同，道不合”只混日子的同事，不仅会影响到努力奋斗的成果收获，甚至还会干扰自己完成本职工作。一个连本职工作都没办法积极投入的员工，可想而知他对企业的忠诚度会有多低。

大多数的老板都很讨厌那些做事不认真，不负责任的员工。因为这种人不会安心做自己分内的工作，而且还会在别人努力工作的时候，传播谣言，造谣生事。而在工作中出现了问题，总是第一时间推卸责任，想尽办法证明这件事情和他们没有关系，从而干扰到工作的正常运转。没有一个公司的管理者会喜欢这种员工的。

想要建立完美的团队制度，融合个人责任和团队责任，下面几个因素十分重要：

1. 公平的因素。

每一个团队中的成员首先要求的便是公平，虽然绝对的公平是不存在的，但是也要给人以相对的公平。就算是团队中真的存在不公平的制度，也要倡导并声明这一点，以避免让员工产生先入为主的印象。

公平可以分为两种，就是程序上的公平和结果上的公平。通常人们更在意的是程序上面的公平。比如在百米赛跑中，当比赛机制公平时，人们只会向自己埋怨，为什么会没有得第一呢？可是如果起跑线设定得不公平，那么人们就会对产生的结果产生怀疑，甚至会愤怒，认为有黑幕的存在，从而不再去相信公平，对这项赛事缺乏再投入的积极性。

企业管理者必须先考虑程序上面的公平，给员工以人人平等的机会，激发员工的个人积极性和责任心，从而推动共同负责。我们首先要保证程序平等，再去考虑结果上面的平等，不然工作能力较强的人和工作能力一般的人得到的结果是平等的，反而就失去了平等的意义。这种情况下我们要知道，只有程序上体现公平，才不会导致公司的混乱。

由此可知，程序上的公平比结果上面的公平重要得多，一项制度如果只追寻结果上的公平，那么这项制度注定是不公平的，企业应该给员工创造每个人可以平等的机会，有他们根据自己的能力去得到相对平等的结果。而不是无论做什么工作，完成的结果如何都能拿到同样的报酬，从而影响业绩突出的团队成员的积极性，影响整个团队的绩效。共同责任的前提是个人负责的公正体系建立完成。

2. 对绩效的评估。

团队的制度与绩效评价密切相关，看一个团队优秀与否，我们首先看的就是团队的绩效。团队的绩效离不开每一个成员的努力，所以，管理者必须重视每个成员个人所发挥的作用——尊重每一个成员的付出和劳动，记着任何一个哪怕细小的他们为公司所做出的贡献，并给予客观的评价和回应。制度里必须包括一套公平和透明的绩效评估体系，定期对成员的工作做出评估，肯定成员的价值。

一定要保证评估体系的透明性和科学性，否则也一定会有滥竽充数的南郭先生出现，不仅不会给团队带来任何贡献，还会影响团队的发展，给团队带来负面的影响，会挫伤团队成员的积极性，从而影响团队效益。

3. **人际关系的协调**。

很多管理者面对人际关系的协调都会头疼不已，因为人际关系就像一张蜘蛛网，由近及远，互相交错，错综复杂。

一个团队中，成员越多，形成的人际关系也更加的复杂，不仅是中国的文化里如此，西方也是同样。每个人都以自己为中心，形成了一圈圈的由近而远的关系网，从而在相互交错中结成错综复杂的关系。人际关系越复杂，团队成员耗费在人际交往上的精力就越多，以至于投入公正竞争的精力就会相对减少，对于团队绩效产生的负面影响也就越大。

团队力量最强大

比尔·盖茨曾经说过："团队合作是走向成功的基础，一个意识不到团队合作重要性的团队是无法取得成功的。"企业想要在现在这个时代发展下去，需要企业具有强大的团队精神。

团队合作的精神，就是通过集体的力量去完成团队的任务，追求优良的业绩。通过彼此的合作，将团队成员的长处和技能集中在一起，以产生团队能力超过团队个人能力叠加的效果，使整个团队凝聚力更加强大，能够更大范围地去迎接挑战，使企业更加具有应变能力和冒险精神，进而可以提升企业的效益。团队合作精神，有助于团队成员快速成长。团队成员之间在合作的同时，需要沟通和学习，从而可以互相传授技能与经验，提升成员的个人能力，使他们有机会来承担更大的责任，突破自己，获得更好的成绩。

在2005年，马云、李彦宏、邓中翰这些中国高科技IT企业的精英，均获得 CCTV 中国经济年度人物提名，马云开启了电子商务的大门，李彦宏开启了中文大宝库，邓中翰一手将闪亮的“中国芯”成功植入全球 IT 业的银河，他们在中国 IT 企业脱颖而出、大放异彩。

在演讲的时候邓中翰博士表示，他的成功来源于具有合作精神的团队，如果没有具有合作精神团队，他不会成功。马云和李彦宏的成功也源于他们拥有的良好的团队，他们的成功源于合作。

你会相信蚂蚁那种你看起来微不足道的动物可以救火吗？1985 年，法国科学家发现了这个现象。后来，英国一位动物学家为证明这个现象而做了这么一个实验。

英国动物学家把一盘点燃的蚊香放进了蚁巢。刚开始的时候，蚂蚁们十分惊慌，过了大约 20 秒钟，很多蚂蚁开始进入救火的行列中，向蚊香喷射蚁酸。可每只蚂蚁单独能喷射的蚁酸毕竟有限，部分救火的“英雄”为此付出了生命。但它们前赴后继，终于在不到一分钟的时间里扑灭了大火。

一个月后，动物学家又在原来的蚁穴里做了一个实验，这次他将点燃的蜡烛放了进去，虽然这次的“火灾”比上次的更大了，可是蚂蚁们有条不紊地协同作战，不到一分钟，火被扑灭，而这次竟然没有一只蚂蚁遇难。

无可置疑，蚂蚁是一种非常聪明的动物，在面临灭顶之灾时，表现得令人震惊。

有这样一个故事，草原上燃起了大火，为了逃生，蚂蚁纷纷聚拢起来，抱成一团，形成一个圆团，飞快地滚动出火海。外层的蚂蚁都被火焰吞噬，可是却保护了里面的蚂蚁。小小的蚂蚁，其重不足百毫克，只凭借团结一致，抗拒自然带来的灾害。

美国科学家富兰克林说：“蚂蚁是世界上最勤奋和团结的动物。”而中国则用一句“驮负千斤，蚁负一粒”来形容蚂蚁力量的强大远远超过了骆驼的力量。小小的蚂蚁，面临灾难时的无私和智勇，却是我们正要学习的。

当今社会存在着激烈的竞争，但企业最看重的竞争就是人才竞争，因为人才是企业发展的核心。可是为什么那么多拥有众多高薪人才的企业却发展平平呢？这估计和管理者的管理方式有关系，人才管理合理化，团队相互团结了才能形成核心竞争力，产生最大效益。

想要得到强大的集体力量，需要团队中每一名成员相互团结，发挥出每个人的聪明才智，方能事半功倍；反之，若相互之间充满了矛盾，就不会产生所谓的集体力量了，反而会影响工作，导致了人才资源浪费。因此，现在很多企业在招聘人才时，都会把团队合作精神作为一项重要指标。团队合作是成功的基础，任何一个组织想要完成任务都需要具备这个条件。

在团队内，每一个团队成员为着共同的目标而努力。因此，与团队融合的第一步，就是要求成员均应站在团队的立场来考虑事情。我们在作决策的时候，首先应该思考我们做的这个决定是否对公司有益，其次再去思考“这样选择有利于我未来的发展吗”。因为从长远来看，只有做出对公司有益处的决定才会对个人有利。

其实，工作和一些团体运动竞赛一样都需要队员的整体合作，比如说篮球队里，不会只因为前锋是个投篮高手就会获胜，还需要整个团队的密切配合。龙舟竞赛，依照规矩，得由一定数量的人一起来划船，需要船上的同伴之间统一行动，否则这条船就将会变成“蛇行”，根本不能快速地前进，所以龙舟竞赛取胜的秘诀在于协作，要求队员协调一致，平衡地来运用全体的力量，能够有默契和有节奏地，共同来划动船桨，才能使船身快速直线前进。在很多时候，一个优秀的、善于互相合作的企业，往往可以胜过其他企业。

同时，一个员工无论有多么优秀，都无法仅凭借个人的力量达到团队的效果。在任何企业仅凭个人责任制而没有分工合作的整体表现，都无法成功。例如棒球比赛，虽然教练事先已经为每一个球员都划分有守备范围区，但是如果在比赛过程中只关注自己的责任区，而不去配合同伴，那么比赛肯定会一塌糊涂，甚至会无法进行下去。比赛的成绩也自然不言而喻。

一个具有高度合作精神的企业，成员更加注重的是问题的最终解决，他们更担心是否对公司的运营产生影响，而非只考虑自己负责的区域。当问题出现的时候，他们更愿意与当事人沟通，而不是通过传达，他们也愿意与其他部门沟通，及时发现问题，使存在的问题得以最终解决。成员在解决问题的时候，不会介入任何的感情色彩，而是依靠尊重事实为基础，就所发生的事进行讨论。

细微处可见大观

日本 NEC 和三菱公司的研究人员表明，杂乱的办公桌及电脑桌面杂乱的各种文件，容易让人产生一种不良的感觉，让办公室工作人员面临一种新的苦恼“办公易怒综合征”。经常性长时间工作、杂乱的办公桌以及错误的坐姿是导致这种新的都市病发生的主要原因。在接受调查的 2000 人中，有 2/5 的人会因为桌面的混乱而烦躁和发怒。对此，研究人员说，保持桌面的个性化，将桌面整理干净，将减少精神压力，减少生病的危险。

奈杰尔·罗伯逊是“办公易怒综合征”的研究专家，他告诉我们，自己的工作环境与身体健康有着莫大的关系，办公室职员一定要高度重视。当你觉得自己精神紧张、心烦气躁的时候，可以暂时停下手中的工作，为自己创建一个舒坦的环境，整理一下自己的办公桌，可以适当地舒缓压力、紧张感。他说：“有效率地管理办公桌，最重要的是下面两点，首先，马上就采取行动，不要凑合；其次，不要让别人代替自己整理办公桌，亲力亲为。”

从一个人的办公桌就能够了解到很多有关座位主人的信息，如“字如其人”一样，“桌也如其人”。一个办事干净利落的人，他的桌面会很干净，一个富有逻辑的人不管办公桌上有多少东西，但和工作有关的文件都会分门别类放置，十分清晰和整齐。而办公桌杂乱无章，毫无章法的人给人的第一印象就是没有条理，乱七八糟，尽管实际上你可能不是这样的人，这样的桌面在你工作的时候也会带来不少的麻烦。

一位公司研发部主管在技术上遇见了一个难题，于是就带着下属昼夜不停地加班，终于攻克了这个难关。由于连日来的工作太累了，这个主管没有将资料整理好，就趴在桌子上睡熟了。可是在第二天一睁眼，就发现攻克难关的资料没了。

原来，公司总裁的孙子偷偷地溜了进来，那些很重要的资料被他拿去做风筝了。于是一个团队长时间的心血就化作了泡影，伴随着风筝飞走了，主管十分生气，可是又没有办法，只能怪自己太过大意，如果及时将东西整理好，保存起来，就不会出现这样的问题了。虽然这种事情很少发生，但是也值得我们吸取教训。

罗南·威廉士曾经这么说过："如果能及时清理一下桌面，只留下手边需要处理的文件，就会发现工作会变得轻松和简单很多，就像我们料理家务一样，可以迅速提高工作效率以及你的办公室生活质量。"

办公桌上杂乱无章，会让你产生一种工作堆积如山的错觉，一堆工作资料和文件，看上去毫无头绪，不知如何下手，产生很大的紧张、压力和压抑感，让人感觉面前有无数的工作，时间怎么分配都不够用，繁杂而又令人头疼，从而导致工作热情也消失殆尽了。

整理办公桌首件事情就是文件分类。将所有的文件整齐地叠放在一起，然后进行分类整理，将不同时期将要用到的文件进行时间分类，或按"常用"和"不常用"分开，把经常使用的东西放在随手可拿到的地方，再依自己的分类方式归纳好，这样需要某一文件的时候，就有序可循，用起来就会简单方便很多。

对一些报刊，我们可以把自己感兴趣的内容剪下来，剩下的直接扔掉，节约空间。而桌子上的笔筒，我们将那些不能用的铅笔、圆珠笔等全部丢掉，只留下几支平时可以用的，会清爽很多。

我们办公桌上面只要摆放简单的工作所需的物件，并且保持干净、整齐。当然，也可以适当地摆些装饰品使办公桌更有个性，或者一些具有生命力的小盆栽也可以放松你的心情，只是记得要适当，否则就会影响你的注意力，让你无法专心工作。

美国管理学者蓝斯登认为，彻底和有条理的工作方式对工作会更有利些。我们不仅要保证办公桌的干净整洁，固定物品的摆放位置也十分重要，我们要将文件夹放在一个固定的位置，记事本、信件和一些工作需要的资料都固定住，当你需要它们的时候，直接去固定的地方去寻找就可以了，也便于检查清理。

像“疯子”一样去工作

微软公司不但有高质量的产品，而且还有让其他企业羡慕的文化氛围。“作为微软的一员，工作起来就应该全身心地投入，忘记疲倦，并且积极地参与到和同事的业绩竞争中去。”这句话可以说简单明了地将微软狂热并富有激情的文化氛围描述出来。

微软的创始人比尔·盖茨几乎每周的工作时间都能有 60～80 个小时。毫无疑问，他这种近乎狂热的工作态度对微软的员工来说就是一种无形却极为有力的鞭策，企业上上下下全体员工都在他的带动下变成了工作上的“狂人”。也正是在这种近乎狂热文化的积极鞭策下，全体员工的士气才会不断增强，才会不断创新产品革新技术，生产出一批又一批适应市场需求最为先进的软件。

在微软创立初期，公司高薪聘用了一位名叫米丽亚姆·卢宝的中年女秘书，来到微软的第一天她就被这里的工作氛围惊呆了，在这里工作的每一位员工都是标准的工作狂，其中最为严重的就是公司的老板比尔·盖茨。

在和比尔·盖茨一起工作的日子里，她发现这个人虽然身为老板，但工作起来要比其他人更加拼命，每个礼拜都要工作满7天，而且从来不休息，有的时候他甚至一连好几天都待在办公室里处理各种事务，有几次当她早晨来到办公室时，竟然发现他在办公室的沙发上睡着了。

比尔·盖茨的确是一个名副其实的工作狂，在他一个人工作的时候经常由于过于投入而忘记吃饭，看到老板如此卖力，米丽亚姆便开始负责起了他的工作餐，到用餐时间会提醒他去吃饭，有时候还会特意从外面带回汉堡给他。当他接待客人的时候，米丽亚姆也会看着钟表，一到时间就会主动敲门进来提醒他说："老板，你们赶紧停一停，先把午饭吃完再继续讨论吧。"

微软富有激情的工作氛围强烈地感染了米丽亚姆，于是她自告奋勇将公司大部分的管理事务都揽下来，同时她还要尽力为负责编写程序的工作人员提供最舒适的工作环境。

比尔·盖茨曾经这样说道："当每天早上一觉醒来，一想到自己所从事的工作以及正在研发的技术以后能为人类生活带来巨大的影响和变化，就会感到无比激动。"这句话也将他狂热的工作激情淋漓尽致地表现出来。他认为，一个能将事业做大做强的人身上所具备的最重要的素质之一就是要对自己从事的工作富有激情。由此可见，这种狂热的工作态度，已经在无形中占据了微软文化最核心的位置。

对于好逸恶劳的人来说，比尔·盖茨的工作方式无疑是一种巨大的挑战，特别是在美国这样一个注重休闲的国家来说，能够夜以继日地工作实在是一件很难做到的事情，但就是这种让人时刻充满工作激情的文化氛围，将一批又一批的人才吸引到微软这个大家庭里。

虽然工作强度比较大，压力也会比别的企业更大一些，但比尔·盖茨依然能够让众多的员工在长时间内毫无怨言地埋头工作。由此可以看出，微软内部已经营造出了一种适合这种工作节奏的氛围、一种积极的企业文化，使每个人都有努力工作的动力。

在企业里有怎样的领导者就会有怎样的员工，工作的激情就是在领导者的带动下与员工们一起创造的，企业文化其实就蕴含在工作的每一个细节当中。因此，企业管理者只需要在工作的时候投入巨大的热情，就会自然而然地形成一股强大的感染力，使所有的员工也都能怀着巨大的激情投入工作，为企业发展贡献自己的力量。

主观意愿是做事的前提

每一个企业都有属于自己的企业文化，积极的文化能使员工产生强劲的工作动力，并怀着极大的热情投入工作当中去，这样一来企业便有一个良好的发展势头，相反如果企业文化不够积极甚至有些消极的话，员工也会对工作失去兴趣从而逐渐开始消极怠慢，企业也会跟着走下坡路。由此可见良好的企业文化对企业的发展来说具有非常重要的促进作用。

“要我干”从语气上就能感觉出来员工是被压迫的，并不是心甘情愿去担负某项工作，如此便会产生一种排斥和抵触的情绪，而“我要干”则表现出员工对工作的一种积极主动的态度，当他主动去做一件事的时候就一定会想方设法做好。同样的三个字颠倒了一下位置意思就截然相反。如果在两者之间选一个作为企业文化的话当然首选“我要干”。在这方面海尔集团无疑起到了模范带头作用。

海尔集团通过这样的方式将员工们的创新精神最大限度地发挥出来，形成推动海尔前进的强大动力，从而使集团安全稳定同时又快速永续地向前发展。

海尔集团将每一名员工都打造成一个独立的战略单位，培养他们自主经营的能力，这个策略简称为 SBU，它的本质就是将创新精神的种子放入员工体内，并以此为基础创造富有更大价值以及竞争力的订单。这个策略作为一种能够倡导员工进行自我经营的先进理念与经营方法，发挥着重要的作用，一方面它赋予每一位员工一片独立又创新的新天地，可以将员工的潜能最大限度地挖掘出来，同时也能激发他们的创造性与积极性，使他们真正实现价值最大化的梦想，可以说这是一种出于本能的管理模式。

从另一方面来说，每名员工都可以是一个市场，每名员工又可以直接掌握一个市场，每名员工的报酬和他所负责的市场订单相挂钩，企业按照员工的绩效分配工资，这也体现了在市场经济时代按劳分配的公平性。

SBU 战略对员工来说代表自己要成为一个创新的主体，应当在为用户服务，为他们创造价值的同时体现出自身的价值，换句话说就是自我经营；对于企业来说，假如企业中的每名员工都能成为 SBU，并由此来提高企业的核心竞争力，这一点是竞争对手无法模仿或者复制的；对于用户来说，这意味着身处网络时代自己对企业以及品牌所具有的忠诚度。假如每名员工都有能力创新的话，那么无论用户的需求发生什么样的变化，企业都能准确并且牢固地将用户的心抓住。

海尔集团实行 SBU 战略的实际意图，是为了让集团的员工们不再担任被动工作且内容死板僵化的螺丝钉。在海尔集团目前的发展阶段来看，这种螺丝钉精神已经脱离了海尔的发展目标。

因此，判断一个企业的发展前景，并不是看它自身的发展规模是大还是小，而是要看它的细胞是否具有活力。企业发展最难的问题就是该如何使企业的细胞活起来，不仅要三五天，还要保证它在长时期内都处于鲜活的状态，即便随着时间的推移会有一些细胞老化脱落，但之后还会有新一批的细胞逐渐生长出来，由此来促进新陈代谢的循环。为未来创造价值，同时也为未来而活是海尔集团一直保持活力的关键原因。

SBU 战略真正难做的地方在于实际执行的环节，但同时技术上具有的难题也不是轻而易举就能解决的，因为这个战略的基础源于对员工岗位的细致分析，分析的实质就是为了方便给岗位定价，然后给员工定价。海尔集团现在有员工 3 万多人，如果随机展开调查的话也至少应该发 500 张问卷调查表，这就需要事先做大量的调研以及核算的工作。

海尔集团董事长表示，海尔的这个战略所做的工作就是将员工与市场之间的壁垒彻底打破，让每名员工都能直接去面对市场并且他们的工资也与市场销售利润挂钩，如果员工因绩效不好导致亏损的话，他便得不到收入，日常的开销只能向海尔集团借钱来维持，而且借钱的时间范围限制在6个月，如果6个月之后市场利润依然没有提升的话，员工就会被海尔集团辞退。所以，海尔集团直接将市场的压力转移到了员工身上。

海尔集团的一名采购经理不无感叹地说："正是由于这个战略我才从一名普通的采购员晋升为采购经理。以前作采购员的时候只负责采购生产材料，可现在做了采购经理不但要参与设计还要参与生产，甚至连销售的事情都要做，如此一来自己做了好多分外事。"

马斯洛曾在《需求层次论》一文中明确指出，人最高的需求动机是对自我价值实现的追求，它的最大特征便是对事业的一种忘我奉献。

SBU战略将现代企业管理最本质的东西表现了出来，那就是自我价值的实现是人的最高追求，而将企业中的所有细胞激活也是每一位企业管理者的愿望。海尔集团正是通过SBU战略，将创新思维与员工对自我实现的需求进行了有机的结合，使每一名海尔人都在每一步的前进中体会到了成功的感觉，充分将自身的潜能和创新思维挖掘出来，并进一步形成海尔集团独有的使命感和文化氛围，从最初的"要我干"转变成后来的"我要干"，他们拥有了一颗将企业发展壮大的责任心，这给其他企业也带来了非常大的启示。

第五章　人才管理

——企业发展的动力

如果大海需要众多分支河流的汇合，才能形成汪洋。那么，对于公司来说，人才就是新加入的分流，源源不断地输送着活力与资源。植物需要阳光雨水，企业如果是土壤，人才便是其中的养分，滋养着植物生根发芽，让公司的硕果愈加丰富。

人才是稀缺资源

温家宝去美国访问的时候，比尔·盖茨曾经与温家宝有过一次会谈，温家宝这样问比尔·盖茨："你们公司创新的基础在哪里?"比尔·盖茨回答说："公司的创新就是靠员工创新。"比尔·盖茨曾坦言："我告诉你，如果把我们公司的20个顶端人才挖走，那么我们的公司就是一个普通的小公司。""现在市场的竞争，首先便是人才的竞争。"

微软公司最根本的财富既不是他们的固定资产，也不是代码或研发出来的程序，而是公司的人才——那些在微软工作了多年，开发过重要产品的开发团队和程序员。比尔·盖茨为了建立和维持属于自己的研发团队，寻找到这些人才并且留下他们，想方设法，最终建立了一套特殊的机制。股票期权激励是这套机制中最吸引员工的机制。

在微软之前，从来没有一家企业会把股票期权来给普通员工当作奖励。公司每年都会有年度奖金，同时给员工配股。一名员工想要获得股权中25%的股票，只需要18个月的工作时间，此后每6个月为一个阶段，陆续增加股权中12.5%的股票，就可以在任何时间、任何地点，兑现全部认购权，但是前提是不超过10年。微软公司的职员拥有股票的比率是很多公司都比不上的，微软公司员工主要经济来源并非薪水，而是股票升值。微软公司薪金制度的最大特点就是"低工资高股份"。想要获得更多的酬劳，只有保证公司效益，完美地将员工个人收益同企业的效益、管理和员工自身的努力等因素结合起来，致使每一个员工都会去努力地工作，以实现公司利益最大化，个人收益最大化。很少有人在微软工作5年还会离开。

用股权凝聚团队的企业很多，星巴克也是其中一家。星巴克创始人舒尔茨出生在一个犹太人家庭，他与家人生活在美国贫民窟一个狭窄的小公寓里，兄弟姐妹几人共挤在一张小床上。屋外的地面肮脏不堪，还要忍受飞往肯尼迪机场的飞机每天在屋子上空制造出的巨大噪声。父亲的失业对舒尔茨产生了巨大的影响，他的父亲在打杂工来维持家里的生计，有一天舒尔茨回家，发现父亲没有去上班，原来他的脚踝受伤了，由此失业。由于父亲没有医疗福利，又没有了劳动收入，生活过得更加艰辛。舒尔茨从此下定决心，等自己有了自己的企业绝不会让类似的悲剧再次发生，他终生难忘那时的场景，父亲是个因为工作而受伤的普通职员，但是他的价值没有得到体现，没有得到企业的尊重和关心，这使舒尔茨很辛酸和愤怒。星巴克的股权结构和企业文化的形成受舒尔茨的平民主义思想很大影响，同时这种股权结构和企业文化又直接导致了星巴克在商业上的成功。良好的财务业绩来自于一流的顾客服务水平，而一流的服务水平需要员工的努力和奉献，他坚信把员工放在第一位，尊重员工的劳动成果，公司自然会呈现最好的状态。

每个员工都有机会成为公司的主人。在星巴克，公司的职员不叫员工，而是同事，这种叫法激发了高层员工想要成为公司股东的想法。1991 年时，星巴克便建立了股票投资方案，允许员工以低于市场价的价格购买股票。星巴克通过股票期权把员工和企业联系在一起，公司创造的效益决定了员工个人手上股票期权的价值，这极大地激励了员工的工作热情。例如有一个在星巴克工作的从肯尼亚移民来的普通员工，仅仅 6 年的时间，就为自己的母亲建了一栋房子。

在 20 世纪末，快餐行业的跳槽率最高可以达到 300%，然而在舒尔茨建立的股权凝聚团队制度下，星巴克的员工跳槽率仅为 60%，远远低于其他企业。这足以说明，星巴克所实施制度的优越性。

现在社会发展最核心的要素便是人才，企业也是。一个企业如果想长期发展下去，最不可或缺的就是人才，“整合资源，创新价值，创造财富”是企业基本的三大职能。而这三大职能都需要人才的支撑，只有人才才可以创新，才可以创造价值。所以，看一个企业是否有发展前途首先要看公司内部是否可以聚集人才。

学历真的比能力重要吗

在现代企业的招聘中，有些人有能力，但是学历不高；有些人学历高，但是能力稍差。面对这样的面试者，管理者在面对这样的情况的时候也会头疼。但是，学历真的比能力还重要吗？企业的发展需要的是有能力的人，即使有再高的学历，没有能力，也只是徒劳的。大多数的企业招聘，都是希望招进来的员工能够把工作做好，而不只是为了在应聘者中挑选高学历的人员。企业招聘应该更多注重对方的能力，让员工充分发挥自己的才能，这样才能够帮助企业更好地发展。

某贸易公司的李总最近非常高兴，因为他招到了一个满意的助理。

这位助理大学尚未毕业，前来面试的时候，李总见她虽然话不多，但是为人诚恳，就与她签了约，三个月的试用期，结果一个月还未到，李总就提前让她转正了。这位员工能够提前转正，是因为她在处理三件事情的过程中显示出了她超强的能力。

第一件事是李总让她订机票，在打了很多的电话后，她向李总汇报说：公司原来合作的订票公司价格上不是最便宜的，她找到几家更为便宜的订票公司，然后她把寻找的结果给李总看。结果的表格非常清晰，起飞时间、航空公司、在哪个机场起飞等都列在内，一目了然。这是李总以前的助理没有做到的事情。第二件事是让她代收供货商送来的样品。她也列了一个详细的货品清单，并且还让供货商签了字。第三件事是接到了一个催款的电话，助理当着李总的面说：李总现在有事不方便接电话，等他回来我替您转告。

虽然这位助理大学尚未毕业，但李总对于她的工作能力非常的欣赏，决定观察她一年，并且有意培养她做副总经理。一家咨询公司的管理者说："公司看重的是员工的思维、分析能力、想象能力等。至于学历的高低，不同的专业，那只是一些理论知识而已，花点时间是可以学会的，但公司需要的那些能力，却不是花时间就能学到的。"

在现代企业中，不是所有的招聘者都会重视员工的能力。一些招聘者先选择学历，再选择能力也是存在的。

一些人往往只会死读书，对于书本以外的知识不能很好地应对，也就是没有突发事情的应对办法。有能力的人在面对一些突发状况的时候，不会慌了手脚，能够以从容的心态面对问题，更好地解决问题。招聘者在招聘的时候，往往会认为这些有高学历的人是优秀的。中国的教育制度已经选拔出了优秀的人，企业又何必费尽力气去寻找有能力没学历的人。也正是因为这样的想法，一些有能力的人才得不到很好的施展才华的机会，就这样被埋没了，这对企业的发展也是不利的。

学历其实是一块敲门砖，门敲开了，学历的作用也就没有了。进了"门"的人都在同一条起跑线上，工作就需要靠自己的能力了。既然都在同一条起跑线上，员工各自的能力就是最好的武器了。学历高的人未必有很好的能力，所以，他们在面对一些问题的时候可能会显得茫然，不知所措。有能力的人，一般都能很好地应对，尽快地找出解决的办法，让自己的工作更好地开展下去。

毋庸置疑的是，无论是什么性质的企业，在竞争的环境下，只要是人才，有能力，也就不在乎学历了。一些企业现在的用人标准是，要有能力，能够为企业的发展做出贡献，带来财富。企业员工只要能够为企业做出贡献，帮助企业发展，企业自然会聘用。能力真的比学历重要。管理者也要重视到这一点，才能够让企业更好地发展。

苹果公司的创始人乔布斯在斯坦福大学的毕业典礼上说："我从来没大学

毕业。这次才是我几十年来离大学毕业最接近的一次。我看不出念书有多大价值，当时这个决定看来相当荒唐，可是现在看来，那是我这辈子做过的最好的决定。”微软公司的创办人比尔·盖茨在哈佛大学的毕业典礼上说：“有一句话我等了30年，现在终于可以说了：老爸，我总是跟你说，我会回来拿到我的学位的！”乔布斯从来没有大学毕业，但是他成功地将苹果推向世界；比尔·盖茨大学没有读完就辍学了，但是他的微软系统几乎是世界上所有电脑都在使用的系统。能力真的比学历重要。也正是因为乔布斯和比尔·盖茨拥有能力，他们也才能研制出先进的科技，才会让世界更多的人知道他们。

比尔·盖茨幽默而自豪地说：“哈佛校刊称我是哈佛史上最成功的辍学生。在所有失败者中，我做得最好。”不仅如此，比尔·盖茨还告诉大家，最近他让微软CEO鲍尔默也从哈佛退学了。戴尔电脑创办人戴尔也是个“不成器的学生”。每天迷恋装电脑，面对老爸的呵斥，戴尔说：“将来有一天，我的公司要和IBM一样有名。”父亲对他非常失望，拂袖而去，儿子后来也拂袖离开学校。如今戴尔已经是世界最知名的电脑品牌之一。

这些人的成功，与自身的能力是分不开的。能力是一个人与生俱来的，它与学历不同，有能力的员工可以更好地帮助企业发展，管理者一定要重视身边有能力的员工，让他们的才能在企业中得以很好地施展，这样一来，企业的发展势态就如初升的太阳了。

对待员工无差别

现在好多企业对工资的发放实行的是保密制度，为什么会采取这样的制度呢？其用意就是为了避免员工之间的攀比，以防引发内心的不平衡。

这种工资的发放方式是否合理合法，暂且不提，但是出发点是好的，就是为了避免员工因为薪水差异而觉得不公平，一个成功的老板绝不会忽视这一点，在企业的经营管理上这是最需要注意的。

在一家从事防盗、监控研发的光电技术公司有这样一名老员工，他叫王浩，在这里工作了6年。在公司刚刚成立的时候，总经理曾推荐王浩担任工程部的经理，但王浩想留在所里继续发展，于是婉言拒绝了。

后来所里改制，他被分到了公司，工程部经理的位置有人担任了，本可以给他安排技术部经理的位置，但技术部却因与工程部功能重合而被合并了，因此，王浩只能做一名普通的员工。王浩的薪资越来越少了，在所里的时候，他每个月能拿到好几千，还不包括奖金、提成在内，而现在只能拿到两千。

无论是学历还是资历，他都是工程部最优秀的，他的工作技术含量高，没有人可以取代。但事到如今，为了不让公司内的其他人感到不公平。他也只能得到普通员工的待遇，问题产生了，虽然公司避免了大多数员工内心的不平衡，但却忽略了王浩，他多次找到总经理反映此事都没有结果，最终他选择了离开公司。

王浩之所以离开这家公司，是因为他想要得到发展的同时更要求公平，公司没有给他这个环境，并且薪资较从前相比不仅没有提升，反而下降了许多，自己的能力和薪资不成正比。

美国的一位行为科学家曾提出过一种公平理论，就是说在一个人取得了成绩时会得到应有的报酬，他不仅仅关心这个数量的多少，还会和其他人的报酬数量做比较。

这个理论说明：人总是习惯性地把自己放到一个坐标上来衡量对比，由此确定自己的待遇是否公平。一方面，包括拿自己所获得的薪资、工作上的人员安排，或者是否被老板赏识等因素和自己的资历、能力、付出的时间和精力等来对比，再与自己的同事相比较。另一方面，把自己现在对工作投入的精力和待遇作比较，再与曾经的待遇作比较。假如二者相等或者相当，他内心才会觉得公平，会保持良好的情绪继续工作；假如不相等，就会觉得不公平，工作的积极性也随之降低。

对于一个企业来说，公平对待每一位员工可以使公司内部形成一种和谐的氛围，不但要实现报酬的相对公平，在出现不公平现象的时候必须及时处理，防止问题扩大化，与此同时，还要为管理的科学化提高警惕，及时发现不公平现象，通过引导的方式尽快将员工的不公平感消除。

公平更是对人才的一种重视。为什么这样说呢？一个优秀的企业里面不乏优秀的人才，但毕竟企业为一个社会团体，员工的能力良莠不齐，优秀的人才在工作的过程中，往往表现出优于其他员工的超强办事能力，不管是专业技能，还是人际交往都是没有非议的，此种优秀的员工自然是被企业的管理者所赏识的，管理者对其进行相应的嘉奖自然也能起到表率众人的作用，同时也激励了其他员工努力工作的热情，实为企业的一种优良的风气。

所谓的公平，并不是只关注员工资质、潜力、敏感度，甚至性别、个性之类的因素，而是要为员工创造公平合理的工作环境，制定合理的薪资制度或者提供晋升机会，在资源上达到共享等。让员工们觉得在制度上可以得到公平，才能使他们愿意为公司工作。

一场比赛不能保证公平就没办法进行下去。没有激发员工工作热情的动力，相反却试图用处罚在后面驱赶他们的惰性，这种管理方式是存在很严重问题的，是一种负面的激励手段。我们都知道，任何竞争都奖罚分明才算是一场有规则的比赛，处罚条例可以算是一种防止超出规则或避免向着公司不希望的方向发展的手段，保证了大多数积极工作的员工的利益。但前提是，处罚的理由必须合情合理，要对员工起到积极鼓励的作用。

进行大刀阔斧的改革

人才无论在哪个企业里都是一项极为宝贵的财产。一名员工只有具备创造价值的能力，才算是推动企业向前发展的“资产”，否则的话就只能是拖企业后腿的“负债”，甚至还可能起到“一粒老鼠屎坏了一锅粥”的负面作用，如此一来可能其他员工无论有多优秀都于事无补了。因此，对于这类型的“负债”分子，企业管理者必须要坚决给予清除，否则企业就会面临大量利润被白白吞噬的后果。

一天，主人要运一批货物，因为数量比较多所以就装了两辆车，一匹马负责拉一辆。在运货的途中，其中一匹马因为体力不支渐渐被甩在了后面，时走时停，为了在规定时间内将货送到，主人便将后面车上的货物全都放在了前面的车上。这时后面那匹马由于没有了负重而脚步轻快地一路向前疾驰，并且对另一匹马说：“累了吧，看，主人把全部的重量都压到你身上了，你越是努力向前走，主人折磨你的力度就越大。”

几天之后主人终于赶着马车按时到了目的地，这时候有人对主人说：“既然你只用一匹马来拉车，那么为什么还养着另一匹呢？不如好好喂其中一匹，将另一匹杀掉，这样不但节约了粮食还能得到一张上好的马皮呢。”主人听后觉得很有道理，便将那匹只知道偷懒不好好干活的马给杀了。

对于商场来说也一样，与其养着一群好吃懒做的员工让他们拖企业的后腿，还不如大刀阔斧地裁员。

1993 年 4 月，世界最大的跨国信息公司 IBM 开始由郭士纳来管理。上任之后郭士纳打破了IBM向来不裁员的老规定，在半年内共裁掉4.5万名左右的员工，果断削减企业的非主打业务。一系列的改革使郭士纳成功地将濒临倒闭的IBM公司重新拉了回来，再次坐上了业界老大的位置。

很多员工都对郭士纳的这种做法提出了异议，说他不讲究情面不将公司的规定放在眼里。面对人们的非议，他向员工这样解释道："自古以来军事上有很多精兵简政的例子，作为企业也一样，我们必须把生产成本降到与竞争对手相同的水平，这样我们才能成为这个行业里最优秀、实力最雄厚的公司。"

原通用电气董事长杰克·韦尔奇曾说："每一家企业都可能做出剪裁人员的决定，虽然有些人会对此表示不满，但很多时候这是救助企业最有效的办法。"

有些管理者虽然想裁员，但迫于种种原因又不能果断地实施这一计划，这样一来便不能解雇那些不能为企业创造价值的"负债"员工，企业恐怕也就离退化、离被淘汰不远了。

挪威人对鱼情有独钟，尤其特别爱吃活的沙丁鱼，因此市场里活沙丁鱼的价格要远远高于死鱼的价格，渔民看到了商机，于是他们总是想尽办法让沙丁鱼能活着回到渔港以便能卖上好价钱。虽然渔民们尽了最大的努力，用了很多的办法，但能活着回到渔港的沙丁鱼仍然寥寥无几，它们绝大部分都在回港的途中因为窒息而最终死亡。

但让人奇怪的是有一条渔船却总是能带回来很多活着的沙丁鱼，很多人都问船长是如何办到的，但船长从来都是闭口不答，严格保守着这个秘密，直到几年之后船长去世，这个谜底才被最终揭开。原来，船长在装沙丁鱼的鱼槽内放了一条以吃小鱼为生的鲶鱼，鲶鱼在进入鱼槽以后，因为对周围的环境比较陌生，所以便不停地四处游动熟悉环境，沙丁鱼看见自己的"敌人"之后十分紧张，为了不被吃掉便拼命游动，四处躲避。如此一来，沙丁鱼便时刻处于活动的状态，也就一路"疯狂"地跟随渔船回到渔港，这便是非常著名的

"鲶鱼效应"。

适当的压力是很好的动力，一个企业如果没有压力的话也就不会有向前发展的动力。对于那些没有能力为企业创造出应有价值的员工，作为管理者就必须大胆举起解雇的大刀果断地裁员，这样做不仅能减少企业的"负债"，降低一大笔不必要的支出，同时还能将"鲶鱼效应"的积极作用发挥到极致，对于其他员工也能起到一个督促和激励的作用。

每个员工都是一座宝藏

如今，一些好的企业大部分都是点子公司，也就是创新公司。员工不断地推陈出新，不断地想出创新的点子，从而为企业带来效益。一个好的管理者要善于开发员工的创意，更要让创新意识在员工中扎根发芽。

管理者想要激发员工的创新思维时可能会遇到这样一个问题：大部分的员工通常选择不发表自己的观点。对于这些员工，管理者不应该责怪，而是应鼓励他们，培养他们的自信心，让他们敢于把自己的想法说出来。一旦员工选择不说出想法，他们的创造能力也很难发挥出来。所以，管理者要让员工对自己有信心，让员工相信自己，相信自己的想法，并且敢于表达自己的想法。员工并不是没有想法，而是选择不去表达自己的想法。这样对于企业经营来说也是一项损失。多个人多个智慧，何况企业中的员工还这么的了解自己所在的公司。只有让员工具备了创新意识，让员工积极地参与到创新中来，企业的发展才会更好。

谷歌的副总裁拉斯泽罗·鲍克在美国加州大学伯克利分校参加"经济学人创新论坛"时，讲述了谷歌的创新秘密：谷歌一直鼓励员工创新，让员工充分发挥自己的想象力。当所有员工都在发挥想象力的时候，就会形成一种创新氛围，积极采纳员工的可行性创意，就会帮助企业得到效益。

“我们努力保持尽可能多的表达渠道，让不同的人和不同的创意都能以不同的方式展示出来。”鲍克说。

谷歌的渠道包括：

①鼓励员工在团队之间展开互动，在工作和休闲中对话，集思广益，广泛地开放思维，最终得到富有创意的想法。

②员工可以直接向公司领导人发送邮件，表达自己的想法。

③每当要召开公司会议时，或者技术讨论的时候，任何人都可以提出问题，然后投票选出自己感兴趣的问题。

④在 Google + 中展开对话。

⑤谷歌每周的全体大会，可以让员工直接向最高领导进行提问，范围包括公司的任何问题。

⑥进行各种各样的调查。“我们经常对员工展开调查，了解他们对管理者的看法，然后利用这些信息来公开表扬最优秀的管理者，将他们作为下一年的模范。最糟糕的管理者则要接受严格的培训，有 75% 的人能在一个季度内有所好转。”鲍克说。

鲍克认为：“这种文化非常符合人性。人们希望在自己的工作中寻找意义，他们想要了解周遭的变化，希望有能力改变周围的环境。”谷歌也凭借这种文化，培育了一批有创意、有激情的员工，这些员工为谷歌公司的创新做出了重要贡献，帮助谷歌公司走向成功。

想要鼓励和培养员工的创新思维，企业管理者应当随时注意倾听他们想要表达的想法。无论员工的这些观念如何荒唐甚至可笑，管理者也不可以妄下结论，要审慎地与员工做进一步的讨论，看看是否能讨论出该观点的好处和更好的一面。当管理者评估意见的时候，首先要肯定员工提出意见态度的积极性。

如果意见中有不好的地方，需要批评的地方，管理者也应该采用委婉的态度告诉员工。例如：管理者最好不要严厉地说“那太花钱了”。可以改为：“你有没有事先算一下费用?”让员工想到费用的问题，这样说不定还可以想出更好的方案。管理者要谨记：一个“与众不同”的人所提出的看法可能会有些不合实际，但千万不能表示轻视，否则不仅会永远地扼杀了员工的创意，还有可能失去一个好的创意。谁说不可能的创意就没有实现的价值呢？说不定有一天，这个就会变为现实。

创新思维的另一障碍就是许多人一旦决定的事情，就不会轻易改变。通常，这些人对外界的不同意见会选择忽视。戴尔·卡内基曾说过：“时时敞开你的心灵准备接受改变。要欢迎它，取悦它，要一再检验你自己原有的意见和看法。”管理者尤其应该做到这一点。管理者应该鼓励员工去兼听不同的意见，同时，管理者自己也要听取不同的意见，这样才能让创新意识变得更强大，开发出所有员工的创造性。千万不要对员工泼一盆冷水，这样会打击员工的积极性，也会扼杀一些好的创意点子，使企业的发展变得缓慢。

管理者应营造一种接受新观念的气氛，鼓励员工多多读书或积极地参加研讨会，让员工参加一些富有创意性活动，这些都可以激发员工的创造潜能。

第六章　心态管理

——管理中的润滑剂

优秀的管理者不仅要与员工沟通，掌握员工的心理变化，还要懂得一点心理学。现如今的社会，心理学已经成为被广泛关注的学科，管理者掌握心理学，就可以更好地了解员工，避免发生不愉快，还可以让员工的效益达到最大化。懂得如何鼓励员工，如何委婉地批评员工，让员工的心理不会发生不好的变化，这样，员工才可能更加忠诚地工作。

付出才有回报

早在创业之初，沃尔玛企业创始人沃尔顿就为企业制定了三大信仰：服务顾客、尊重员工、追求卓越。沃尔玛提倡“员工为顾客服务，领导为员工服务”。“倒金字塔”式的组织结构使沃尔玛的领导处于整个系统的最底层，顾客放在第一位，而员工是中间最重要的基石。

领导只是员工的服务者。员工的工资和生活享受不是从总经理那儿获得的，而是来自顾客。只有把顾客伺候好了，员工的口袋里才会有更多的钞票。员工作为直接与顾客接触的人，其工作精神状态至关重要。因此，领导的工作就是指导、支持、关心、服务员工。员工心情舒畅，有了自豪感，就会更好地服务于顾客。

沃尔玛的管理理念与现代商业规律是相吻合的。现在，企业之间的竞争其实就是人才的竞争，管理者应该为团队提供公平的晋职机会，为员工提供实现自我价值的机会。只有在拥有良好的发展平台的时候，员工们才愿意尽自己最大的努力去奉献自己的力量，没有一个足以让员工满意的发展空间，是无法调动员工的积极性的。

上级为下级提供一个良好的环境，使员工无后顾之忧，下级才能更好地完成上级布置的工作。员工足够优秀和努力了，难道企业还会发展不好吗？企业就是一个磁场，只有管理者与员工良好合作，企业才会向更好的方向发展。

现在很多企业总是只看到自己的员工素质太低，缺乏职业精神，工作懈怠。可是他们却往往忽略了，他们为员工付出了什么？为员工考虑了多少？很多员工的离开与人才的流失，就是因为企业对员工利益的漠视，管理者无法给予员工所需要的成就感，才使很多员工感觉到这里不能实现自己的理想和目标，从而选择离开。

沃尔玛值得人学习的地方有很多。很多企业对员工的种种需求置之不理，认为提出更多要求的员工是在无理取闹。可是沃尔玛恰恰相反，他们会充分考虑员工的需求，然后迅速对这些需求进行讨论和分析，并且调查清楚是什么原因导致员工提出这些需求，然后根据实际情况做出决定，给予员工一定程度的满足。

沃尔玛的管理者认为，人性化的管理，可以轻易获得员工们的认可。沃尔玛在实施一些制度或者理念之前，首先会征询员工的意见，而不是直接下达命令。沃尔玛提出“门户开放”的口号，给每个人发表个人意见的权利，每个人都有权走进管理人员办公室讲述任何话题，发表任何意见。这不仅是发泄不满的机会，而且很多最好的主意都来源于此。

沃尔玛领导者尊重的理念是：员工是沃尔玛的合伙人，沃尔玛是所有员工的沃尔玛。在企业内部，有一个独特的现象，大家见面后无须称呼职务，而直呼姓名，任何一个员工的铭牌上都只有名字，而没有标明职务，包括总裁。

公司不把员工当作雇员来看待，而是视为合伙人和同事。公司规定对下属一律称同事而不称雇员。沃尔玛领导者制定这样的制度使员工有了一种归属感，使他们自己感觉，我并不是为在为别人工作，而是为自己，为自己的企业工作。沃尔玛员工从这个理念中感受到了平等分工的快乐。

沃尔玛持续成功的根源已经显而易见了。很多企业受沃尔玛管理模式启发，开始学习这种模式。国内一家饭店将沃尔玛当作学习的榜样。饭店领导为近400名员工营造了一个平等的工作环境与空间，以“没有满意的员工，就没有满意的顾客”为企业文化理念的精髓，致力于服务员工。只要发现了人才，就无条件进行鼓励与培养。

除此之外，公司每年春节都会举行一次特别活动，饭店高级管理人员都要为员工做一天的服务员，并亲手包一顿饺子，以感谢这些员工一年的辛勤工作。另外，公司还有一定的晋级奖励，对公司有特殊贡献的员工都有机会晋级，目前大概有10%的员工得到过晋级奖励。饭店还定期组织员工外出旅游，举办各种联欢会。饭店员工从中得到了快乐和利益，工作时激情饱满，素质一流，受到了广大宾客的好评，饭店生意红红火火，饭店也得到了巨大的效益。饭店领导也得到了他们梦寐以求的结果。

每一个管理者都应努力为员工提供服务，并把企业内的每一个员工都视为合作伙伴，原因很简单，只有这样的管理者才能让企业实现内外双赢。反之，企业的管理者也希望得到工作认真负责，可以为企业创造效益的员工，而非雇员那么简单，增加员工与企业的协作，这样不仅可以使员工快速地成长，企业也可以得到更大的效益。

雾里看花花更美

彼此之间的友好程度、相互喜欢程度以及关系远近程度决定了交往时空间距离的远近。通常管理者在和下属交往时，一定要形成一个“亲密有间”的关系，既要表现出亲和力，也要给人敬畏感。只有这样，才能让下属既不会产生你高高在上不可侵犯的错觉，也不会过于亲密失去分寸。

过多地接触下属，会导致上下级之间过于依赖，下属巴结、恭维上级，使上级分不清真正的局势；与下属保持一定的距离，给员工一定的空间，不会给员工压力和侵犯感，避免下属紧张，这样既可以获得下属的尊重，又能保证在工作中不丧失原则。戴高乐将军在处理上下级关系方面有很多地方值得人们学习。

戴高乐多年的军旅生涯，使他在处理上下级关系时形成了自己的经验，那就是“保持一定的距离”。这种经验使他更好地处理了各个下级之间的关系。

在他的从政生涯里，有一个不成文的规定，就是他的秘书处、办公厅和私人参谋部等顾问和智囊机构的工作人员，只能任用两年。他总是在办公厅主任上任之后说：“我只任用你两年，因为你不能以办公厅主任的工作为职业，别人也不可以，就像没有人可以以参谋部的工作为职业一样。”

戴高乐是个拥有独立思维和果敢的领袖，他的决定都是依靠自己的思考做出的，不受身边人的影响。这是他经常调动身边工作人员的原因之一，他不想过度依赖身边的人。另外他深受部队的影响，在部队，没有军队是固定的，戴高乐认为，无论是对部队还是身边的顾问和参谋，都要保持一定的距离，经常调动，可以使顾问和参谋的思维和决断保持新鲜气息，同时也可以杜绝年长日久的心腹们利用总统和政府的名义营私舞弊。

一个管理者能否和下属保持一定的距离，是能否成功运用并发挥出下属才能很重要的一点。有没有距离感，决定了管理者做决策时会不会受周围人的影响，如果过分依赖某些人，就会扰乱管理者的思维，从而做出错误的决定，古代所规定的“后宫不得干政”、“宦官不得干政”就是为了阻止身边亲信假借管理者名义徇私舞弊。

马太效应是指好的愈好，坏的愈坏，多的愈多，少的愈少的一种现象。在人际关系上，很多管理者处理不好与员工之间的关系，往往有“马太效应”的影子：就是对于关系亲密的员工更加亲密，而关系疏远的员工愈加疏远。这是一种很不理智的交往模式，会导致两极分化，对于关系亲密的员工，缺少威慑力，关系疏远的员工缺少沟通和交流，非常不利于管理。“疏者密之，密者疏之”，才是管理者应该奉行的成功之道。

斯通在处理与员工的关系时就体现出“疏者密之，密者疏之”的原则，他对待高层管理人员和普通职工有着不小的差距，比如说，在工作之余，他从不邀高层管理者到家里做客，也从不接受邀请。而这一点在普通职工身上却是相反，他会对普通职工致以微笑问候，甚至会偶尔制造惊喜，进行家访。

要适当地与员工保持距离，而不是完全与员工隔离，在工作之余，管理者完全可以和员工正常交往，建立自身良好的形象和领袖地位，以此获得员工们发自内心的尊敬和信任。

怎么样才能让“距离产生美”呢？

1. **根据自己的管理风格，决定和下属的距离。**

如果你做事能力强，但情商没那么高，最好和员工保持一定的距离，否则会给工作带来障碍。

如果你工作能力一般，但具有人格魅力，情商很高，就需要和员工们打成一片，在工作中以表扬和正激励为主，多给员工鼓励和微笑，这样才能产生感染力，使工作氛围也越来越好。

2. **根据员工的类型，决定该保持怎样的距离。**

有些员工自主能力差些，特别依赖上司，听从上司命令完成任务，对于这些员工，领导者需要经常沟通，给予他们鼓励与帮助。

一些员工比较独立、学习能力强、工作自主性高，这时候领导就要保持一定距离，给他们自由发挥的空间，过多的控制会打击员工的积极性，阻碍他们的创新能力。面对这些员工，你只要等待结果就可以了。

3. **根据下属的工作内容，确定不同的交往距离。**

工作比较简单的时候，你只要告知员工工作要求和工作目标，然后给他们创造一个良好的工作环境即可，在工作过程中可与员工保持一定距离，让员工专心工作，不受干扰和影响，提高工作效率。

下属的工作比较复杂时，管理者要与他们拉近距离，一起不断地交流和讨论，以达到自己想要的结果。

虚怀若谷，海纳百川

人们常说：“人非圣贤、孰能无过。”于是很多人就有了犯错的借口。圣贤都会犯错，更何况我们呢？企业的管理者也会犯这样那样的错误，犯错误不可怕，可怕的是不知悔改。只有重视错误才能想要去改正，以防再犯同样的错误。与其追究责任倒不如尽量避免错误的发生。

只有真正想知道自己缺点的人才愿意从别人那里得到建议，也只有关系很好的朋友才会告诉你，所以得到的建议都是宝贵难得的。要善于接受意见，不断完善自己，不能自我感觉良好，这样自身永远也得不到提高。

纵然世界千变万化，生活丰富多彩，人们无时无刻不在追求美的存在，但是我们也应深知这一点，世界上没有十全十美的人，没有完美无瑕的东西。想要得到每一个人的认同，这几乎不可能。如果有一半的人对你满意就已经很不错了。因为在你周围，你说过的一半以上的话题会有一半人提出各种不同的意见，从西方的竞选中就能看出：获胜者的选票超过一半，其余的投了反对票，一般这样看来，无论你什么时候提出观点，一半人表示反对都是正常事。

当你明白这个道理，你就可以换位思考，站在反方的角度看问题了。当别人对你的话提出不同的观点时，你也不会因为不被认同而感到沮丧，或者为了使对方拍手叫好而动摇自己的观点。

世界上的任何事情都有两面性，也因为存在正反两方才越发显得有趣。可以让你不那么信誓旦旦，也可以促使你往正确的方向发展。但话说回来，凡事都要做好两手准备，这样才不至于在事情发生时毫无防备。所以，如果你做好了会有人持反对意见的心理准备之后，在有人辩驳的时候才不会情绪低落，站在正确的角度想，还会使旁人的建议转化成正能量，而不是对你的否定。

无论你持怎样的观点，反对意见都是避免不了的。你的任何一个观点或想法都会有对立面。美国林肯总统曾在一次谈话中说："如果把和我不同的观点都罗列出来……更不用说一一做出回应和解释，那我还不如不做总统。我每天都依靠自己的实力勤勤恳恳地工作，而且我会一直继续下去。如果说我的确是对的，那么反对意见也不复存在了。如果的确是我错了，那么有再多的人说我是对的，也不能改变事情的本质。"

虽然企业的管理者都在各自金字塔的顶端，虽然他们高高在上，但他们也不是无所不能，少数人的力量毕竟是有限的。俗话说"三个臭皮匠顶个诸葛亮"，所以说，管理者就要汲取多方面的意见，来补充自己观点的不足，同时能体现管理者的博大胸怀。

有能力的管理者，自律性一定很强，并且能做到经常反思自己的错误，及时改正。没有人不犯错，但如果知道自己错了，就要知错就改。管理者的日常工作繁多复杂，可能出现错误的地方有很多。比如说，进的货是否足够，销售量是否能达到目标，服务态度是否使顾客满意，商品陈列是否整齐有序，能不能引起购物欲，等等。

管理者最大的弊病就是独断专行。总觉得员工是自己花钱买来的劳动力，一切都由自己一个人说了算。因此在处理工作上容易一意孤行，固执己见。不尊重员工，也不愿意听取员工的意见。

再高的领导也是凡人，他也有不完美的地方，有他自己都反感的缺点。仅凭他们自己的能力，是不能洞察市场的发展趋向的，也不能一下子就看透消费者的心理，更不能制定出完善的经营方针。

管理者也不能事事都做到尽善尽美，但对企业发展来说，一家公司能否尽快步入正轨，能否在遇到危机时保持稳定发展不偏离发展方向，能否在经营的过程中犯错，并且能否在发现错误的时候立刻改正，等等，都离不开管理者的决策。

员工们的建议未必都是可取的，但是管理者的包容性也应当在这时候体现出来。如果你无法包容他们不合理甚至错误的意见，那么你将不会听到任何正确的意见，他们的智慧、创造力和奇思妙想，也许会让管理者有意想不到的收获，他们以自己的方式思考，站在他们的岗位上寻找途径，在他们的眼里考虑得会很全面。不仅能对经营管理发挥作用，还能从中挖掘有潜力的员工，为公司培养人才。

好事和坏事向来是相互伴随而来的。管理者管理整个部门都不能保证不出错，为什么就能要求员工不出半点差错呢？就好比专制的政府迟早都是要灭亡的，政府和企业都需要民主和自由。

从容易落脚处开始

有这么一个经典而又有趣的实验，美国社会心理学家弗里德曼和他的助手弗雷泽让两个大学生去拜访加州郊区的家庭主妇。请求家庭主妇们在呼吁安全驾驶的请愿书上签名，呼吁大家安全驾驶。这是一个简单而又方便的小事，又是一个公益性事件。绝大部分的主妇们，都在上面签了自己的名字。

两周之后，大学生又再次来到郊区挨家挨户地访问这些家庭主妇，这次他们带来了更艰巨的任务，就是劝说这些家庭主妇们将又大又丑与草坪极不协调的安全驾驶招牌竖在他们的草坪之上，正常情况下，这种要求是不会有人同意的，但结果却有些出乎意料，其中第一次拜访时在安全驾驶请愿书上签字的主妇们，有55%的人同意了这个无理的要求，他们又去访问第一次没有拜访过的陌生家庭主妇，仅仅只有17%的人接受了这个要求。心理学家认为，人之所以会做出一些理智上莫名其妙的事情是因为人们都希望别人认为自己是个言行一致的君子，为了保证这种一致性，这些主妇们便接受了在院子里草坪上竖招牌的无理请求。

这就是心理学家所说的“登门槛效应”。在一般情况下，人们都不愿接受较高较难的要求，相反，人们却乐于接受较小、较易完成的要求，在实现了较小的要求后，人们才慢慢地接受较大的要求，也就是说，一个人如果接受了一个小的要求后，会增加同意大要求的可能性，犹如爬楼时要一级一级登台阶一样，这样更容易登到高处，最终实现全部目标。

工作中的很多地方都可以使用“登门槛效应”，比如教育工作、销售工作等。管理中，管理者可以帮员工设定较低的目标，完成之后，给以鼓励和奖赏，然后慢慢对其提高要求，设定更高一级的目标，让员工不断地进步，更加积极向上，体验突破自己的快乐。对于刚进入工作，基础较差，没有经验的员工，这种“登门槛”式的管理方法，往往更能提高他们工作的积极性和自信心。

在管理过程中，不能给员工一下子定下过高的目标，不然会使员工产生退却和恐惧心理，可以先让员工承诺完成一些简单的任务，等任务完成之后，再慢慢提高要求，或者帮助员工将任务、目标进行分析和分解，将一个大的任务分解成不同的模块，然后一个模块一个模块地去完成，这样整个任务的完成就会轻松和简单许多。

管理有很多的办法和规则，有时候，“登门槛效应”也可以反过来使用，就是给员工先制定一个困难和艰巨的目标，以至于员工无法完成，然后再慢慢地降低目标的要求或宽限完成任务的时间。据研究，人在拒绝别人请求的时候，内心都会产生莫名的愧疚感，而如果此时当对方的要求降低时，人们通常都不会再次拒绝，以缓解心理上的愧疚感，心理学上把这种效应称作“要尺得寸效应”。

这是一种利用员工的心态，用大的要求来制造一个退让的假象，以达到让员工接受较小要求的目的。通常这时候员工认为你已经做出了让步，从而不再好意思去拒绝你提出来的相比原来更低的要求。因此，有时候在管理工作当中，为了可以顺利达到管理目的，可以提出更高的要求，抱着“退而求其次”的态度，调整你的期望值，适当妥协。

不能“前怕狼后怕虎”

一位华裔企业家曾说：“做事之前深思熟虑固然能降低做错事的概率，但在思前想后的同时也错过了那些能引领你取得成功的机会。”所以作为一名肩负企业发展重任的管理者，一定要具备果断的判断力，看准时机下手“快、准、狠”这样才能抓住机会取得成功。

如果企业的管理者已经习惯了思前想后的话，那他便会经常陷入一种极为尴尬的处境，想往前走但想了想还是决定后退，刚要后退又有前进的念头冒出来，内心所经历的矛盾与冲突便会逐渐通过外在的行为表现出来，并最终对管理工作产生消极的影响。

除此之外，这种犹豫心理也会对领导者的情绪产生负面作用，很容易使人焦躁不安，患得患失，手足无措，在商战里也会处于被动最后导致失败。

作为领导者应当明白：在企业里实施某个决策的话肯定都会有成功和失败两种可能，但不能因为害怕失败而放弃那50%获得成功的机会，所以一旦有了决定就要坚决地贯彻实行，该出手时绝不犹豫。

一名领导者不仅要果断地做出正确的决策，而且在决策实行过程中若是发现了弊端，也应该果断地采取措施进行弥补并加以纠正，不能眼睁睁看着错误越来越大。

那么这种果断的判断力都能起到哪些效果呢?

1. **能提高领导者在员工中心中的信任度。**

当企业领导者在各种情况下都能迅速做出最正确最可行的决策时，他在员工心中的信任度就会大大提升，同时他也会成为员工心中的强心剂。

为了能够又快又正确地做出决策，领导者就必须要提前做好准备工作，广泛收集相关材料并进行细致深刻的分析，综合考虑之后制定一个相应的决策，并且要对它的实施和将要起到的作用有充分的信心。在向员工宣布这个决策的时候，也要表现出只会成功不会失败的肯定态度和气势。

2. **能得到员工们的支持和拥护。**

当领导者在最糟糕的情况下也能通过严密的逻辑推理并做出果断又正确的决策时，员工们就会被他超高的判断力与果断的决策能力所折服，他们会在心里认可他，敬佩他，如此一来领导者便会获得一大批支持者和跟随者，大家都拧成一股绳，企业的力量也会成倍地增长，一举多得。

3. **能使领导者成为员工们学习的榜样。**

作为一名领导者应该为企业为员工树立起一个这样的榜样，表现出果断的姿态。如果他能恰当地把握自己的行为并对自己的决策有信心的话，那他手下的员工也会受他的影响而逐渐有能力把控自己的行为，对自己有很强的信心。这样一来他便成了员工们学习的榜样和奋斗的目标。不要小看榜样的力量，当整个企业都弥漫着学习和力争上游的积极氛围时，员工们就会爆发出巨大的能力。

4. **能让领导者自己更有自信。**

自信对每一个人来说都是至关重要的，对于掌管企业的领导者来说则显得更有分量，如果连领导者都没有足够自信的话，他所领导的企业也不会有什么大的发展。果断的判断力正好是一个能提高自信的好方法，在指定的决策取得成功之后领导者会发现自己是可以将事情处理好的，这样日积月累下来自信也会逐渐增强，也会更有气魄。

由此可见拥有果断的判断力对企业领导者和整个企业来说都是有百利而无一害的，所以作为领导者一定要改变以前做事犹豫的习惯，将自己打造成一个雷厉风行，能够果断作出判断的优秀领导人物，以便能带领企业一路披荆斩棘向前发展。

高瞻远瞩，胸怀大志

一个卓越的领导者可以在这个飞速发展的时代里发现稍纵即逝的机会，把握住每一次商机，成为时代的领军人物。而普通的领导者，只能跟随卓越的先知领导者的脚步。

这个世界从来都是先发现机会的人领导着后发现机会的人去开发那些没有

发现机会的人。“在趋势和大的方向面前，只有改变观念的人才能把握先机；拥有市场的人首先要改变别人的思想。”先知先觉者之所以能在竞争中获胜，是因为他们往往别人更先一步发现商机，然后迅速行动，当然获得回报比别人更加早一些。

所以，每一个领导者都要努力成为一个敏锐的先知者，要让自己更加敏锐一些，让自己更灵活一些，更加透彻和果断一些，这样才能看到商机、抓住稍纵即逝的商机。“先知先觉”者都不是天生的，而是通过后天不断地自我修炼和学习才达到的。只有不断地提升自己，勇于面对自己的弱点，勇于挑战困难，迎接困难才能成就一个“先知先觉”的卓越领导。而那些只知道躲在安乐窝里，不愿意去尝试新鲜事物的领导者，永远也无法成为“先知先觉”者，到最后不得不被淘汰掉。

人们都惧怕改变，对未知充满恐惧，害怕失去现有的一切，不愿意做出改变，藏在属于自己的安全地带，除非是被现实或者环境所逼迫，否则不轻易改变现状，然而对于一个管理者，这是不可取的，你如果不去探索，不愿意改变，就不永远不会成为“先知先觉”者。

1. **主动改变**。

人之所以愿意主动改变，主要就是因为两点原因：第一，讨厌现在的局面，讨厌现在的状态；第二：喜欢改变后的样子，对改变后的状态充满了期待。当然多数人都会更期待自己是因为第二种原因才改变的，但遗憾的是，大多数人都是因为第一种开始改变。人们抗拒改变，是因为改变会让他们感觉之前自己的生活是失败的。可是事实却不是这样子的，改变是为了更好地生活，是为了帮助每一个人实现自己人生理想，等我们看清楚了改变的真正意图，就会发现改变又有什么可怕的呢？我们应不停地追寻、求新求变、全力以赴，寻求新的世界。

2. **控制改变**。

身为一个领导者，一定要有控制未来可能到来的改变的能力，一个企业所面临的竞争是多方面的，不仅包括同行的竞争，还有其他系统、行业的挑战，所以领导者需要提前预测到行业的变化趋势，才能成为竞争中的赢家。在这个过程中，理性抗争和情绪抗争都是最重要的，最需要管理者控制的，我们对原理原则的坚持导致出现了理性抗争，而情绪抗争则是情绪对不良感受的表现。要想控制改变，领导者首先要控制可能由于改变产生情绪抗争的不良反应。

3. 引导改变。

一个好的领导者不仅要自己接受改变，还要引导身后的追随者接受改变，并帮助他们适应这种改变所带来的新环境。领导者正确引导追随者，可以让追随者更快地接受改变、适应改变。

4. 掌握改变的律动。

改变时的律动，也是管理者不可忽略的状况。身为一名管理者，必须掌握改变的律动，律动大体分为两种情况，分别是生产的律动和情绪的律动。生产的律动通常和产品有关，可以通过一些竞赛或促销等活动持续发展，情绪的律动和人与人之间的交往有很大的关系。这两种律动在企业成长中会产生不可忽视的影响，所以管理者要尽力去掌握律动的规律，配合律动突破企业的发展。

5. 有所变，也要有所不变。

虽然企业需要决策者、管理者要主动改变，但不是所有的东西都要改变，例如一个企业已经形成的正确良好的价值观及企业文化。领导者要认清改变的真正意图，就是要让企业得到更好的发展，让自己能够看清市场的发展，以及适应它需要做出的改变，并不是为了改变而改变，所以我们要去其糟粕，取其精华，在竞争中获胜。

虽然并不是所有的管理者都可以成为先知型的管理者，但是每个人都要朝着这个方向努力，改变自我，不断创新，为企业缔造新的高峰。

第七章　品牌管理
——两手齐抓质量与市场

一家企业想要一直保持良好的发展势头与强劲的竞争力，就必须要在产品的质量与市场的管理上下足功夫，因为质量好比是企业的脸面，如果管理不好会给企业抹黑，很容易就会遭到客户的排斥从而失去相当一部分客户群，市场就好比是企业的手，如果管理不好这双手就会变得软弱无力无法控制企业的平衡。所以，作为管理者一定要加大质量与市场的管理力度，保证企业的健康发展。

质量是产品的生死线

产品质量，用一句话简单概括来说就是“产品自身所具有的使用功能”，即产品的用途和为了能满足消费者的需要而具备的一些特性。对于消费者来说最为关心的话题便是产品的质量，同时这也是产品在激烈竞争中能否站稳脚跟的关键因素之一，这就要求企业管理者要拥有一双善于发现问题的眼睛。

在美国，绝大部分商家早已经在贺卡上印上了各种各样的贺词，同样，在贺曼公司最初打入欧洲市场的时候也采用了在贺卡上印贺词的策略，结果却非常不受欢迎，销售量也少得可怜，这个结果令贺曼公司的老总百思不得其解。于是他决定化装成店员亲自到商店卖货，通过与顾客的沟通来调查贺卡卖不出去的原因，很快他就发现，相比印好贺词的贺卡，欧洲人更喜欢买空白的贺卡然后自己亲手在上面写祝福的话，用这样的方式表示自己对他人的尊重与亲近。

在这之后，贺曼公司对贺卡进行了改进，为了方便消费者自己写贺词，公司特意在贺卡上留下了一片空白的地方，这个做法恰到好处地迎合了欧洲人的习惯。

在销售出现问题的时候能及时发现产品的不足之处，从而快速使产品得到进一步的完善，之后调整产品和销售的策略，使产品迎合市场的需求，由此贺曼公司最终成功打开了欧洲市场。

在善于发现自身产品的不足之处，改进产品提高产品质量方面，微软公司绝对算得上众多企业中的佼佼者。

1999年，为了使产品自身的安全性能进一步提高，微软公司在自己的防火墙之外又增设了一台安全性能比之前高出很多的互联网信息服务器（IIS），之后，公司公开向电脑黑客下了“战书”，邀请他们用各种办法将微软公司保存在这台服务器内的用户账号以及目标文件“盗取”出来，公司这样做是希望能够通过公开测试检查产品可能存在的漏洞，帮助公司开发出安全系数更高的操作系统。

2007年，微软又发表消息称将对Vista内嵌的运行方式以及搜索产品做进一步的改进。

做了改进之后的Vista不但将之前的针对控制面板与开始菜单的强大搜索能力保留了下来，而且Vista的默认搜索产品被指定为微软的搜索，不过用户如果另有需要的话也可以把它换成其他公司的产品。另外，微软公司还将提供一些非常有价值的信息给开发人员，以方便他们将第三方提供的搜索产品做进一步的优化。对微软的这个做法，有人做出了这样的评价：微软的精明之处就在于，它看起来是想要规避法律风险，但实际上是为了使Vista拥有更广泛的自由度以及更大的灵活性而逐渐变得完美，由此来赢得用户的信赖和好评。

发现产品在质量上存在问题是每家企业在成长过程中都要迈出的一步，而且是至关重要的第一步，亡羊补牢为时不晚，未雨绸缪更是企业成功的有力法宝。假如企业一直处于自我感觉良好的状态下，就很难发现自身存在的问题，与之相对应的，企业的发展或许就会一直停留在原地踏步的阶段，不会有任何突破和提高。

在如今的商海里，由于管理者不能及时发现产品自身存在的问题，由此为企业带来巨大的亏损甚至导致企业面临破产困境的例子简直数不胜数。所以，作为企业的管理者一定要吸取经验和教训，多从产品自身找原因，善于发现产品中所隐藏的质量问题，同时也要善于运用质量定位等方法对产品的质量进行管理，而质量定位关键在于产品的质量观念要以高标准树立。

企业要用质量优势来给产品进行定位，就必须清楚地了解目标顾客自身的需求以及他们对产品质量的评价。通过不同方式的市场调查，以及对顾客意见的搜集整理，企业可以详细地了解到顾客对产品的需求和看法，从而知道该怎样对产品的质量进行改进。

一个投诉失去一座城

菲利浦·克劳士比是一位伟大的管理思想家，同时也是全球著名的质量管理大师，有“零缺陷之父”之称。在20世纪60年代初期，他提出了一个叫“零缺陷”的思想，随后他在美国推行这个思想，还将这个思想推行到日本，使日本的制造业和产品的质量得到了显著的提高，使之在世界上都占有领先地位。

荣事达的管理方式是按照“零缺陷”思想进行的，是众多企业中的楷模。早期，荣事达是一个小型企业，最初以集体所有制的形式转变过来的，前身是机具厂。20世纪80年代，国家实行经济体制改革，对轻工业的消费生产实施了管理计划，在政策的支持下，荣事达向市场打开了大门。

由于对市场的了解不足，管理上的麻烦也是一个接着一个。起初问题出现在洗衣机实行流水线批量生产上，产品的质量时好时坏，没有保证，在质量上的管理力度显然不够。因而，荣事达曾经主打的“佳净”和“百花”两个品牌都没有受到消费者的青睐。

危机发生了，就要想方设法将它化解。20世纪80年代后期，荣事达改变了经营和生产战略，它与日本三洋公司合作，引进先进的生产技术，又同上海洗衣机厂联合经营，后来的“水仙”品牌在市场上一炮打响。在认识到质量管理是经营企业的重中之重之后，董事长陈荣珍带领荣事达一路走下来，始终对产品的质量严格把关，目标就是要对消费者负责，为他们提供高质量的产品，降低投诉率，争取让广大消费者满意。

根据这个目标，荣事达在构建产业体系上加大了力度，并且对产品的生产质量加强了管理，完善了企业的各项管理制度，因此荣事达的质量管理实现了新突破。在这样的管理下，产品质量稳步提升，严守“零缺陷”的思想，使荣事达的产品销量一路飙升，全新打造的“水仙牌”洗衣机抢占了市场。

刚刚进入正轨，就在这个时候，新的危机又出现了，这次并非是企业内部的质量管理问题，而是全国范围内的市场出现了消费冷淡期，疲软现象使洗衣机的销售额直线下跌，在这样的形势下，荣事达开始抢抓企业质量管理，并将重心放在销售上，在最短的时间内使企业达到“零缺陷销售”和“零缺陷服务”的标准，以这样的理念为主要内容刺激洗衣机消费市场，最后，荣事达在紧张有序的管理体系下，终于度过了这次危机。

经历了就会掌握一定的经验，在危机之后，荣事达不仅对国外的这种“零缺陷生产”的管理方式进行了借鉴，并学以致用，将“零缺陷生产”实行在产品供应上，由此实现了“零缺陷供应”的管理效果，与此同时，在销售领域也是同样的道理，运用到销售流程上，逐一实现“零缺陷销售”和“零缺陷服务”，由此可以使销售和售后服务相连接，形成完善的系统管理体制。

荣事达在不断地努力中收获颇丰：不仅仅达到了一定程度的业绩，并通过了国际 IS09001 质量体系认证。荣事达运用“零缺陷管理”的方法实现了它的目标，在世界上也得到了更多人的广泛关注和认可。

在这样的管理体制下，荣事达给广大消费者一个承诺：要让顾客买得放心、满意。承诺容易，但要想兑现，就要保证产品的质量没有缺陷。

实施“零缺陷管理”能够保证把好企业的产品质量关，将这个管理观念运用到企业中去，让员工了解它的核心本质。零缺陷管理的管理体系应按照下列步骤实施：

1. **建立零缺陷的管理组织。**

管理者想要推行“零缺陷管理”的模式，就要从组织入手，有了组织就相当于有了基础的支持。管理者要使他们了解零缺陷管理的实质，从而使他们将精力全身心投入零缺陷管理中去。组织是后盾也是保证，管理者可以在经营和管理中不断提升他们的工作能力，锻炼他们的管理自觉性。管理者还可以对组织中的每个人都进行全面而合理的系统分析，并且和他们交流在管理中获得的经验。企业的管理者不仅要表明自己的想法和目标，也要带头做表率，还要将组织中有能力的人任命为领导者。同时，管理者对企业的制度也要加强完善，并且随着企业发展还要对员工的能力进行培养和训练。

2. **为推行零缺陷管理制定目标。**

管理者要在组织内建立一个缺陷小组，在一定时间范围内要达到相应的要求和目标，其中包括目标项目实施、评价标准和目标值。在这个过程中，要运用不同的形式对小组的任务完成情况进行公布。

3. **对业绩进行评价。**

小组的目标完成情况应当由小组成员来评价讨论，因此要事先明确该小组有哪些权力和职能。

4. **完善提案制度。**

对于组织内的工作成员，不是主观因素的影响造成的严重错误，比如设备或图纸问题，可以把错误的原因向组长汇报，并提出自己的看法和建议，还可以把自己的想法方案一并提交，之后组长会和提出建议的工作成员进行讨论和研究。

5. **确立表彰制度。**

我们所要推行的零缺陷管理并不是对犯错误的员工进行批评呵斥，而是对在工作上做到零缺陷的员工进行表彰，不针对每个员工身上的缺点，而是要鼓励零缺陷的员工再接再厉，这也是对没有受到表彰的员工一种激励，让他们努力进取。这样就能使员工们树立信心并产生应有的责任心。

结果是检验质量的标准

大部分的质量管理都存在于企业内部：内部的控制是产品质量好坏的决定性因素，但无论是企业的内部管理者还是顾客，都对产品质量有清晰并且统一的评价标准。另外还有一部分企业，例如服务行业等，它们质量评价的高低都是统一由顾客的满意程度来决定的，因此这种类型的企业在管理的时候要侧重于同顾客搞好关系。

以某快递公司为例，它和其他快递公司的不同之处就在于，它更加重视服务的质量以及客户对服务的满意程度。该快递公司自在行业里打出名声之后就开始采用质量循环的策略，一方面保持住现有的服务质量，另一方面努力提高改善。

该公司认为，服务质量的优劣与否全部由客户自身的满意程度确定，客户对服务的满意程度直接由快递是否能及时准确地送达目的地决定。该公司的质量主管曾说："客户的感受直接影响着他们对服务的评价，当谈到服务的时候，客户根本不会在意我们究竟怎样来对快递进行安排，他们最关注的只有最终的结果。因此，我们应该以最后的结果作为质量保证计划的向导。"

为了严把质量关，美国快递公司专门组建了质量小组，负责识别和解决质量上存在的问题。这个小组能在工作出现异常状况时最大限度上为客户解决相关的问题，让各部门之间的合作更加密切，让所有的员工都牢牢记住客户就在外面。

另外美国快递公司还不断对他们的服务质量进行调查，例如客户在多长时间之内能收到快件，员工在上门收发快递的时候都出现过哪些错误，补发快递需要等多久，等等。通过这些调查得出的结果可以促使公司的管理者采取更有针对性的行动，由此公司的服务质量也会飞速提升。

今天，美国快递公司在全世界共安排了250位左右专门人员对公司的服务质量进行调查、监控并同时负责提出改进意见。总部每个月都会对全球的服务质量进行抽样检测，然后再根据各地的实际情况来帮助他们重新制定服务计划，以此促使全球范围内的各个分公司都能将质量提高到统一的水平。

相对于制造业中的产品质量来说，服务业的质量更难以明确地衡量，顾客经常会对受到的服务进行比较，如果某个提供服务的企业没有自己的特性，那就不会再将它列入选择的范围。在这个比较的过程当中，很多不太主要的品质就有可能占据关键的地位。

实际的服务体验与预期的服务效果相比较，促成了消费者对服务质量的评价。换句话说，企业所提供的服务质量的好坏是由它能否与顾客的预期达成一致来判断的。对于顾客来说，企业的服务方式和服务本身是同等重要的。

因此，不论是哪种类型的服务行业，企业都要与顾客保持友好的关系，这于保证较高的服务质量来说是极为重要的。作为企业的管理者必须要在与顾客良好关系的维护上下足功夫，只有这样企业提供给客户的服务质量才不会下滑。

擒贼先擒王，挽弓当挽强

“第一”总是在人们心中占有无可取代的地位。人们眼中常常只能看到第一位。即使第二的成绩与第一只差了一点点，也只有被忽视冷落的命运。

你记得世界上第二个登上月球的人是谁吗？知道世界第二高的山峰是哪一座吗？了解中国第二个登上太空的宇航员吗？听说过第二个横渡了黄河的人吗？

显而易见，大多数人都回答不出来，我们看重第一的程度远远超过自己的想象。客观上来讲，不管是第一第二还是第三第四，名次并不能代表什么，第一也不是绝对的。谁能保证自己永远处于首位呢？特别是在现代社会，很多时候名次并不等同于价值。通过理性的分析，人们都能接受这个道理。不过在实际生活中，多数人还是只能记住那些“第一”。这究竟是为什么？

说到底人类也只是一种大自然创造出来的动物，思考和感情都带有自然界的烙印。在人们的潜意识中十分肯定首位的力量：只有第一的才是最好的，才是真正值得尊敬的。表面看起来区别不大，但是从另一个角度来看，第一与第二有着本质的差距，可以说是天壤之别。不管是在纯粹的自然界还是人类社会这个道理都是通用的。听起来残酷，但这就是现实。

在人们的意识中，首位是无法被取代的，也就是说具有排他性。中国自古就有“宁做鸡头不做凤尾”的警示语，在各个领域都有人想要成为“天下第一”。

在现代企业管理中，想要在市场上站稳脚跟就必须成为某方面的“第一”。市场竞争是一场残酷的淘汰战，消费者总会选择自己心中那个处于第一位的产品。可能你会觉得就算不是第一位也是可以生存下去的，毕竟这个世界上处于首位的事物实在太少了。

没错，在现实生活中即使没有被排在第一也是可以生存下去的。但是有这种想法的人通常都忽略了一件事：“第一”并不是那么狭义的概念。对于一个企业来说，你可以没有超越其他企业的资本，也可以放弃扩展规模，但是必须成为可以满足消费者某种需求的“第一”。到最后，只有在某个方面占有霸主地位的企业才能在竞争中立于不败之地。

那么所说的“某个方面”具体指的是什么呢？我们常常听消费者说买东西至少要“货比三家”。消费者会通过对比产品的价值来确定最终的购买对象，这个所谓的价值是基于消费者自身需求出现的。一般来说，市场上贵的东西质量相对就会好一些，但是这些质量好的产品销量并不一定就好。

由此可以看出，消费者重视的是能满足自身需求的东西。重视价格的消费者会想：这个产品质量不是太好，但是便宜。重视质量的消费者却会想：虽然价格有点贵，但是这个产品经久耐用、质量上乘，买了也值。总之，消费者会购买自己认为在某一方面最好的商品。

要知道，没有哪个企业能在所有方面都做到第一，所以管理者应该转变思路，专攻某一个可以满足市场需求的领域。你可以选择制造价格最低的产品、质量第一的产品、速度第一的产品或者在服务上做到最好。

能够利用人们心中根深蒂固的首位观念在某一个领域成为第一的企业更容易获得成功。

企业品牌的生存空间

一位著名的企业管理学家是这样看待生存空间的。他指出，一个企业，特别是那些实力不强的中小型企业，如果想要避免在市场竞争中被吞并或者排挤，就必须要正确定义自己的生存空间，在某一个方面占有优势，甚至垄断相关领域中的消费市场都可以创造出企业在某一个环境中的优先地位，让一个中小型企业获得相对高的利润。

在现实生活中，类似的例子有很多。

比如巴菲特，我们都知道他是一个投资大师，他在投资领域具有极高的声望。可是你知道吗？巴菲特自从11岁进入了投资行业就再也没有改行进入其他领域。社会上能赚钱的工作有很多，但是为了在投资业做出成绩，巴菲特决定不管遇到什么情况都要留在这个行业中。一生专攻一门，所以巴菲特获得了成功。

再比如世界知名企业百度公司，之所以能在长期在国内的搜索领域占有老大的地位，就是因为企业的创始人下定了决心只在相关领域发展，绝不涉足其他行业。李彦宏说过："在今后的若干年，百度也将只在搜索领域发展。"面对互联网市场的风起云涌，百度本着坚守自己的领地不动摇的原则，才没有被淹没在市场竞争的洪流中。

相对于百度，联想的发展就是因为“不专注”而遭遇了一段时期的瓶颈。为了获得更高的市场占有率，联想曾在2001年提出了多元化发展的战略。但是在实施这个战略的几年中，联想的业绩一直不尽如人意。资料显示，联想在几年间只完成了计划销售额的50%，利润的增长并未超过30%。后来联想及时调整了战略，放弃了多元化发展重归专业领域。此后，联想的发展才终于迈入了一个新的阶段。

对于中小型企业来说，能在某个领域做到最好才是生存铁则。曾经有一家很小的制药公司，由于资金少、业务范围过宽而在激烈的竞争中败下阵来，面临着破产危机。紧急关头，管理者将资金和所有资源集中整合起来开始专攻口腔治疗方面，逐渐建立起自己的生存空间，并且在几年后成为治疗口腔疾病的龙头企业。

可以看出，“专注”精神对一个企业来说是那么重要啊！

人的精力都是有限的，如果总是广撒网，最终也不过落得一场空。一心多用会分散人的注意力，让人在大多数时间内沉浸于美好的幻想之中，疏于实践，也就无法做好眼前的事情。

企业也是如此，专注所以精准。涉猎范围太广就会出现各种疏漏，最后连本职也耽误了。中国有句古话：“十鸟在林，不如一鸟在手。”市场就好像一片资源丰富却又充满危机的大森林，如果弱小的动物连一技之长都没有就只能等着被凶猛强壮的其他动物吃掉了。

而企业想要长远发展，就必须在某个领域做到最好，成为专家型企业，争取垄断市场中的一小部分领域。

细节决定成败

美国著名的市场学家温德尔·史密斯在20世纪50年代就提出了“市场细分”的概念。他认为企业管理者应该在了解不同消费者的需求之后根据消费者的购买行为差异细分市场。用这种方法可以将一个看似完整的市场细分成多个具有相似需求的消费者群体。

有人不能理解这个概念的意义，在他们的思想中，消费者就是消费者，都是对产品有需求的人，所以没有什么不同。其实对于一件商品，每个消费者看重的点都是不同的，这导致他们的价值取向也有了根本性的不同。所有消费者都是购买产品的人，却是有着不同需求的购买者。

不少经济学理论都是在静态市场的基础上建立起来的，而实际的操作与理论会有很大的不同。市场每分每秒都在发生着剧烈的变化，消费者也是形形色色、千差万别的，管理者稍不注意就会发现已经被其他企业甩在了身后。

可以说，想要迎合所有人的想法是不切实际、不负责任的，没有一个企业可以在所有方面占领市场。

一定有人会问：难道想要满足所有人需求的想法有什么错吗？这难道不是创造最大价值的捷径？这要从市场和企业的发展趋势来解释。如果所有企业都为了占有市场涉足其他行业，那么过不了多久所有的产品都会变成相似甚至相同的样子，这种千篇一律的商品是绝对满足不了消费者的需求的。也就是说，想要让所有人满意的结果就是导致所有人失望。

有两个人曾经效力于同一家企业。当他们都成为骨干之后，为了开拓一片新的天地，两人同时选择了离开企业开始自主创业。虽然两个人在原来的业务成绩上不分伯仲，但是自主创业的结果却是完全不同。

其中一个人经过分析市场和自己的特长，将目标锁定在产品服务上。经过几年的努力，他在这个小领域获得了一定的成就，受到了客户的欢迎。而另一个人在创业初期只想要尽力增加客户，所以也没有细分消费群体就把业务扩展到了各个领域。结果可想而知，这个人因为“面面俱到”导致“面面不精”，无法满足客户的需求，所以创业失败了。

形象点来说，你可以想象市场就是一块摆在你面前的蛋糕，你很想要将蛋糕全部吃掉，但是你身边还有好几双眼睛也都盯着它。这时候该怎么办呢？很显然，想要独吞蛋糕是不可能的了，为了避免饿死你能做的只有把这个整块的蛋糕切成一个个小块，然后以最快的速度把其中的一块抢来吃掉。

市场细分也就是像切蛋糕这样，把一个整体分成很多的小部分，每个小市场的消费者都有不同的特征和消费需求。所以企业想要吞掉这一小块市场，就需要专注满足这一类型消费者的需求，当然，可以忽视其他类型的消费者。

一个企业的能力是有限的，如何让手中的资源得到合理的分配是一个经常让管理者感到头疼的问题。管理者应该把企业有限的资源用在满足某一消费群体上，让企业在市场中占据优势。

重视品牌的建立与包装

不知道你是否了解 USP 理论。这个由罗素·瑞夫斯在 20 世纪 50 年代提出的著名理论包括了三个方面。首先，要拿出销售主张，也就是向人们强调产品的作用以及功效。再者，要告诉人们这个销售主张的独特性，也就是任何竞争对手都无法提供的这一产品的某一功效。最后，要用尽方法吸引消费者的关注，感动消费者的内心，从而达到促销的目的。

按照这个理论，管理者必须集中精力强调产品的某一项优势，但是你可能会担心这样做就会流失掉一部分消费者：我的商品会有很多的优势和效用，如果过分强调其中一种难道不是很可惜的事吗？

事实上，这种想法是不太可取的。确实，你的产品可能有很多优点，不管哪一项优点得到放大都可以形成优势。即使这样，也还是应该遵循上面提到的专属理论，向消费者宣传某种专属概念。

类似的例子在生活中很容易找到。比如洗护产品中，海飞丝就是以去头屑而闻名的；飘柔则是洗发护发；潘婷洗发水中含有丰富的维生素。这几款产品均属于保洁公司旗下，分别向消费者传递了不同的理念，每一款产品都占有一定的市场份额，销售量也都很好。再比如小轿车，在汽车市场竞争如此激烈的时代，提到奔驰人们还是觉得奢华，提到沃尔沃就会感觉安全。这些品牌产品能够都在人们的心目中占据重要的地位，正是得益于企业的“专属概念”包装。

一般来说，成功的企业只推崇一个概念。通过不断强调产品的作用，这个概念就会在消费者心中留下深刻的印象。当人们有了相关的需求时，脑海中就会自动记起这样商品，相信它的与众不同，并且产生购买的欲望。值得注意的是，过多的承诺并不能获得消费者的信任，反而会激起人们的怀疑和逆反心理，觉得这个企业具有一定的欺骗性。

那么向消费者传达专属概念有什么技巧吗？

是的，市场上的企业数量十分庞大，其中很多都想要将自己产品的理念传达出去。一个人走在大街上，能看到无数的广告标语，甚至多到厌烦的程度。在这种情况下，企业必须将信息简单化，让产品形象瞬间就可以进入消费者的大脑中。

另外，创意的作用不可小觑。一个有趣的创意可以让产品在人们的脑海中留下深刻的印象。将产品复杂的性能浓缩成一个简单的概念，比用长长的演讲稿向人们解释说明更有威力。

最后，企业要坚持不断地宣传产品最为突出的特点，放弃宣传其他方面。这样做看起来似乎是没有物尽其用，但是实际效果比单纯地平铺产品性能要好得多。

还有，一个企业如果拥有了专属概念，那么这个概念就产生一定的连锁效应，为企业的产品附加上其他的价值。比如，如果企业向人们表达了一个产品“奢华”的概念，那么消费者就会认为这个产品一定设计合理，质量过硬。

很多产品的效用都是相似甚至是相同的，但是通过企业适当的包装就产生了相对的消费群体。在包装商品的同时将消费者分类分层，那么你的产品就可以产生一定的公众效应了。

严把质量观是对顾客的尊重

为了能够使顾客感到满意，很多企业开始将全面质量管理列入重要举措之一。如果一个企业对它的生产过程、产品和服务开始了一种广泛的、有组织的管理，且是为了对其质量工作进行持续不断地改进，那么这个企业正在实行的就是一种全面质量管理。

质量管理发展的最新阶段是以全面质量管理为代表。全面质量管理起源于美国，之后被其他一些发达国家发现其重要性，也开始推行、发展，并根据自己的实际情况进行调整。然而真正引起世界各国瞩目的是日本推行全面质量管理并获取了巨大的成功。在 20 世纪 80 年代后期，为了进一步地扩展和推进全面质量管理，早期的 TQC（Total Quality Control）逐渐演化成为 TQM（Total Quality Management）。由最初的普通意义上的质量管理，转变成为一种综合的、全面的经营管理方式和理念。

菲利普·科特勒是著名的营销大师，他是这样定义产品质量的：产品质量是产品或服务的特色以及产品品质的总和。产品或服务是否具有满足各种需要的能力受到其本身特色和品质的影响。科特勒将质量本质的内涵分为两个方面进行了概括：第一，质量集中表现了产品或服务的特色和品质；第二，体现为顾客对产品或服务的各种需求都得到了满足，包括顾客提出的产品或服务以外的、额外的要求。

质量本质又根据这个定义划分为了适用质量和性能质量。顾客根本追求的就是适用质量，满足顾客需求的核心内容就是产品或服务；而性能质量不仅要求产品能够满足顾客的基本需求，还要让顾客可以享受到其他价值。

凯特皮勒公司是一家拖拉机生产厂商，他们将生产出全世界最好的、最高效的拖拉机当作自己的目标。为此《商业周刊》的一个分析家评价说：“凯特皮勒公司所有的员工都奉行‘质量至上’的准则。”《财富》杂志曾经发表一篇文章介绍了凯特皮勒公司：“该公司营运遵循过硬的质量、可靠耐用的产品以及和经销商诚恳的合作关系的原则，其原则和童子军法则无异。”有很多的高级农艺师会十分尊敬凯特皮勒公司。同时这样看待凯特皮勒公司的人不在少数，一个曾一直为驻越南的海军订购建筑设备的人这样说道：“我们为了能购买到本已十分昂贵的凯特皮勒公司的设备，会想方设法地将指标用到极限。因为野战指挥官们十分喜欢凯特皮勒公司的产品，为了保证他们不会绞死我们，我们必须设法买来这些设备。因为这些推土机能够始终保持非常良好的性能，在极其恶劣的环境下也能继续工作，而其他产品却不能保证。”

凯特皮勒公司的产品之所以能够有如此优良的性能，和公司的政策有着极大的关系。公司曾经的董事长威廉·瑙曼说，公司成立至今一直坚持“不论内外，凡是凯特皮勒制造出的产品或零件，都必须保证相同的质量和性能”的基本政策。这样可以保证在任何地方顾客都可以更换公司的零件。

瑙曼还说，凯特皮勒公司发展过程中的强大动力很多来源于对产品的质量、可靠性和标准化的决策。“一个厂家生产出的机器应是另一厂家生产出的同类机器的替代产品，全世界可以通用某些部位”。

想要创造价值和使顾客感到满意，全面质量管理是关键。那全面质量管理中的“全面”到底有什么含义呢？首先是指质量管理的内容十分的全面，将整个企业的方方面面都包含进来，包括设计、生产、储运以及工作人员的态度和协作精神，甚至包含了企业整体和个人对外的形象辐射等；其次指的是质量管理所涉及的人员管理十分的“全面”“整体”，没有任何一个人可以独立于质量管理之外。全面质量管理不只是企业中几个人的事情，而是包含了整个企业的全体职员。

总体来说，全面质量管理可以使顾客更加满意，让顾客在购买产品的过程中能够感受到自己是被尊重的。

第八章　创新管理

——永续发展的秘诀

随着时代的发展，人们渴望不断出现新鲜的事物，对创新的需求也越来越大。企业同样需要创新，从思维的创新到产品的创新。盲目地跟风已经不能让人熟知，有自己特色的产品才能让企业在市场中站稳脚根。创新思维不仅可以让企业获得效益，还可以扬名，获得口碑信誉。

创新是发展的原动力

一个公司如果没有创新的意识，不知道该如何创新，就相当于把自己推到了一条绝路上。道理很简单，除了你以外大家都在变，都在向前走，虽然你当时的起点并不低，但这样一来你便处在了落后状态，而且如果一直保持现状的话你就会越来越落后，落后就会被同行排挤，甚至被市场淘汰，这样还能有出路可言吗？

公司想要长久地生存并一直向前发展，绝不能一味地依靠原来的“家底”，按照最初的方式方法运行或者生产，如果长时间墨守成规不进行改进的话，就很有可能导致企业丧失生命力。所以，企业要不断进行创新，不论是企业制度还是产品的制作工艺都要有所提高，这样才能保证融入新鲜的血液，企业才会有活力，有了活力才会有竞争力，竞争力越强生命力才越旺盛。

很多员工往往不太在意公司制定的一些工作规则，但是公司老板却往往以对工作规则的熟悉度作为衡量一个员工个人能力的基础。所以，很多老板都会问员工这样一个问题：“目前公司又制定了一些新的条文规定，请你告诉我规定的内容，并加以说明。”

老板这样做也有他自己的理由，在他看来如果不这样做，员工根本就不会注意也不会关心公司的规章制度，更别说会以这些规定和制度为基准，在制度的要求下进行工作了。

另一个问题来自于公司制定的规则。每个公司制定规则都是为了将一些模糊不清的事项，经过客观的分析之后，定出一些合理的大家都应共同遵守的标准。因此，这些规定都具有时效性，同时它们也是为了使企业更好地适应时代和整体的大环境而制定的，所以，它们绝对不是客观不变的。当时代变迁，环境发生改变，所有的一切都向前发展的时候，这些最初的规定也必然会随之失去自身原有的合理性。因此，该如何使规定更加符合实际情况，满足现实的需要，是公司老板工作中至关重要的一环。

有些公司会将工作中发生意外事故的多少作为评定员工表现的一个标准。类似于这样的规定，如果同时应用在危险性较低和危险性较高又非常忙碌的工作环境中的话，就显得太过笼统。对安全生产没有发生过意外事故的员工进行表扬固然是一件很好的事情，但在制定规定的时候应该综合全面地考虑到各种因素和可能发生的状况，根据现实情况来拟定最为恰当的规则。

如果企业一直墨守成规、没有创新改善的意识，那之前制定的所有表面上看起来很完美、面面俱到的规定，在真正实行起来的时候往往会引起意想不到的结果，甚至还会产生原本能够避免的纠纷。所有的规定都是人来制定的，但很多时候原本想帮助人前进的规定却起到了相反的效果，遵守规定的人不但没有前进，反而被囚禁在那些条条框框里失去了前进的能力。也就是说，规定在最初制定的时候是符合现实情况的，但是在经过一段时间以后，却与实际需要完全脱节，随后就会有一系列的缺陷和连锁反应发生。如果要对规定加以修正，则需要花费大量的时间投入大量的精力，因此，企业又只好继续遵守这些已经不合时宜的规定，最终成为其牺牲品。

总而言之，不论是大企业、小公司还是事业单位，掌舵人都要时刻注意自己地盘里所制定的规则是不是紧跟时代的步伐，是不是符合行业和社会的现实状况，仔细检查是否存在不合理或者与实际不符的情况。如果有，就应该在审时度势并深入调查研究之后进行大胆的创新，创新越多，地盘越有活力、生命力和竞争力，这样才能长久地立于不败之地。

条条大路通罗马

标新立异的目的是为了开拓更好的前进方向。企业经营同样如此。在经营过程中，一旦发现方向出现了一些偏差，或者遇到一些阻碍，就要及时思考，道路到底能否行得通。当市场上出现大量的相同或者相似的产品时，管理者就要及时地转变方向，以出其不意的产品重新获得市场和消费者的青睐。企业发展的道路并不只有一条，适时地换个方向出发，或许会有更多意想不到的收获。

日本最大的化纤生产商之一东洋人造丝织品公司，曾经鼎盛一时。但是，到了20世纪六七十年代，行业开始走向衰落，东洋公司也遭受到很大冲击，尽管一再减产，但是仍然无济于事，企业面临着即将倒闭的危险。

在企业即将走投无路的时候，一位员工找到企业的管理者献计献策，他说："现在各大企业为了提高产品质量，都想办法把线弄得粗细均匀，没有人将不均匀的线纺到一起，若我们反其道而行之，很可能会创出一条与众不同的新路。"管理者听后觉得很有道理。市场上出现越来越多的同类产品，而且人们的兴趣也是随时改变的，过去人们追求光滑、闪光的衣服，现在已成几乎所有人都穿着这样的衣服，已经不时髦了。企业如果制造出细中有粗、凹凸搭配得当，并且搭配和谐色彩的衣服，说不定会成为新的潮流。

于是，企业的管理者决定先试生产，将这些少量的成品投入市场，投石问路，看一看市场的反应。产品投入市场的效果是非常显著的。正如那些吃惯了白饭的人，偶尔吃上一些粗粮，会感到非常的新鲜和可口，这种新产品一面市，就被抢购一空。于是，东洋公司立即申请专利，并大批量投入生产，很快使企业摆脱了困境，获得了巨额利润。东洋公司的危机变为转机，利润也直线上升，都是通过改变发展方向而得来的。企业的发展不是一帆风顺的，在面临困境的时候，将道路换个方向，转个弯，或许就会变得更加畅通了。

企业生产的产品会受到市场的检验，如果广受好评，那么，即将会有很多的同类产品出现在市场中。这个时候，企业的经营也会遇到困难。而解决困难最好的办法就是让自己的产品成为市场中的"异类"。也就是说，企业要不断地完善产品，不断地创新，做到“人有我精”，这样才可以保证企业不会倒闭，不会被市场淘汰。当然，想要做到标新立异，就需要企业不断地改变思路。管理者做到这点，就可以集思广益，发动员工的智慧，让员工积极献策，当路走不通的时候，可以适时地换个方向。正如东洋人造纺织品公司从生产平滑的衣服到生活凹凸搭配得当的衣服一样，换个方向，对企业的发展也是很有帮助的。企业想要获得更多的利润，就需要不停地变换方向，但是，方向也不能随意改变，这样会让员工的思想发生混乱。

澳大利亚有一家名叫宁根企业的公司，该公司研制出了一种比较先进的收银机。商店如果购置了这种收银机，可以将商店每天的营业收入及时地存储并且准确地计算出来，但是这种先进的收银机却打不开销路，原因是宁根企业采取了不当的推销策略，使产品堆积在库房里，企业资金也逐渐变少，很快就面临亏损破产的危险了。

后来，有属下建议，将营销策略从“请人购买”更改为“我准你买”。管理者觉得很有道理，这也是一种解决办法，于是在报刊、电视上大肆地宣传这种收银机的优点，并且发出声明，一个地区限买一台收银机。谁知，这样却打开了销路，人们纷纷前来购买，宁根企业走出了困境，营业额也直线上升。

意大利有一家商店，为了吸引人群，管理者想出了一个别出心裁的点子，在店门上贴有醒目的告示：“进店顾客必须是 7 岁儿童，大人进店，请带 7 岁儿童做伴，我店专售 7 岁儿童商品，盼君遵守。”这家店开张以后，果然吸引了许多 7 岁儿童与其父母，想要看看店里的奥秘。出于好奇心，有不少的消费者谎称自己的孩子刚好 7 岁。该商店表面上限制年龄，实际上却吸引了更多的顾客，生意从此蒸蒸日上。

企业成功其实没有什么秘诀，只要抓住消费者的一些心理，就可以帮助企业获得利润。企业经营中，企业的管理者就要在创新上有一个很好的表现，适时地进行逆向思维，不断地创新，推出一些与众不同的产品吸引消费者，这些才可以帮助企业走向成功。反其道而行的方法，或许有些冒险，但是，只有敢于冒险的人，才可以收获更多更好的东西。当然，企业敢于冒险，也要首先符合自身的实际情况才行。

企业生产的产品在市场中会受到各式各样的冲击，当面对挑战的时候，企业如何让自身的产品战胜危机，在市场中不被打败，都是管理者需要关心的问题。为什么一些特立独行的产品会受到消费者的青睐？这是因为现今人们越来越追求与众不同的东西。只有企业生产的产品一直处于市场的最前沿，一直是与众不同的，才会有消费者愿意去购买你的产品。抓住消费者的购买心理，让消费者的这种心理得到满足，也是企业经营的法宝之一。

有时候，一些限制条件往往也是消费者购买此类产品的先决条件。这些条件看似是限制性的，实则是为了更好地吸引消费者的眼球，让消费者在好奇心理作用下购买商品。所以，企业的经营，企业生产的产品，都可以根据市场的变化而改变一些方向，从而走得更加顺畅。这条路走不通，适当地拐个弯，企业或许就会一帆风顺。

勇敢寻找自己的定位

很多的企业管理者都希望自己的公司有一点特色，也就是我们常说的有一些个性化的东西。但是许多管理者又没有什么特别好的想法，于是开始模仿那些拥有自己特色的成功的公司。时间长了，这些企业没有办法跳出模仿的影子，不但没有像成功的企业的那样有自己的特色，反而束缚了自身的创造力，最后变得什么也不是。

企业的发展需要有自己的特色，但是这种特色也应该是市场上缺少的特色。一旦有些企业有自己的特色，并且成功了，那么，这种特色就要舍弃，不能一味地模仿成功的企业。让自己的特色成为市场中的一抹风景，才是企业的成功之道。如何让自己的企业变得有自己的特色，这就需要管理者能够对市场有一个很好的把握，了解市场的需求，理智客观地分析市场，从而更好地推出自己的产品。

世界上的第一个主题餐厅是在20世纪90年代出现的。这家主题餐厅的餐饮概念非常新颖，装饰布置也别具一格，让那些慕名而来就餐的顾客既可以品尝到美味佳肴，又可以感受到某种文化氛围。从吃饱到吃好是一个时代变迁的象征，而吃也正逐渐成为一种文化，让消费者在品尝到美味佳肴的同时，又可以感受到其中的文化氛围，也就是主题餐厅成功的原因。相比一般的餐厅，主题餐厅的用餐环境更加令人印象深刻。主题餐厅往往是围绕一个特定的主题来装饰餐厅的，甚至餐厅中的食物也与主题符合。这就让顾客在品尝食物的时候，不自觉地融入主题当中。

主题餐厅的经营模式在中国非常受欢迎，中国如今已经拥有不同特色的主题餐厅。比如知青餐厅可以帮助老一辈怀念当年的时光，丽江餐厅可以让那些对丽江有美好向往或者去过丽江的人感受丽江的风土人情，一些动漫的主题餐厅则吸引了大批动漫爱好者。诸如此类，主题餐厅可谓是在餐饮行业中取得了突飞猛进的发展。主题餐厅吸引顾客的方式也是五花八门的。比如8号学苑，就规定用餐者必须是“80后”，而且进门要喊报告，还要回答试卷问题等，这些都是8号学苑吸引“80后”顾客的方式。主题餐厅的发展，也是餐饮业不断发展，人们不断渴望新鲜的一种标志。

现如今，全国各地拥有各式各样的特色主题餐厅，而这些主题餐厅非常受年轻人的喜爱。这是为什么呢？原来现在的年轻人非常喜欢一些具有自己特色的东西。而主题餐厅的出现，不仅可以让自己的好奇心得到一丝满足，还可以在就餐时感受到不同的文化，回忆一些曾经的时光。这些都是主题餐厅成功的原因。主题餐厅拥有不同的氛围，消费者可以在餐厅感受不同的文化，对于喜爱的文化自然会有更强烈的向往。但是主题餐厅光有文化还是不够的，菜品也要同样精彩，这样才能让顾客再次光临。

企业的管理者一定要有自己的创新风格，否则自己的创新魅力更无从谈起。企业的创新不能一味地模仿。企业想要拥有自己的特色，就需要管理者在激烈的市场竞争中，根据自己产品的实际情况，根据自己的风格进行改进、变换和扩充，使产品能够顺应市场的变化，具备更强的竞争能力。如何更好地打造企业自己的特色，就需要企业管理者对自身企业有一个从上到下、从里到外的了解和掌握，知道公司的哪些地方是强大的，哪些地方是有缺陷的，然后根据实际情况扬长避短加以创新，形成具有自己特色的东西。

现代社会中越来越多的人追求个性，社会发展也有自己特色，企业同样如此。一旦企业没有了自己的个性，没有了自己的特色，变得与别人一样，那企业也不会成功。企业想要拥有自己的特色，就需要创新。管理者要让公司从上到下都有创新的概念，员工可以说出自己的想法，管理者决定哪些方法是可以采用的，哪些方法有待改进，形成一种和谐的氛围，更有利于创新。

用晋升来激发员工的激情

在企业经营中，管理者会通过晋升的机会激发员工的工作激情。因为管理者发现，晋升是动力，可以让员工更好地投入工作中去，更好地为企业效力，创造更多的价值。可是，管理者忘记了，晋升的梯子也是有顶端的。一旦员工成功升职，他们想要的或许更多，等到员工的需求无法满足的时候，管理者应该怎么做？这也是管理者应该思考的问题。

在奖励员工和晋升员工方面，管理者不能一次给尽。这样，不但不能让员工在今后的工作中更加努力，可能还会让员工变得飘飘然，不能专注于工作。员工升职的速度太快，也会产生一些不良的影响。

但是，当管理者发现身边的员工极具潜力的时候，就要破格加以提升。能够很好地提拔企业中有潜力的员工，也体现出管理者发掘千里马的非凡才能。对于人才的提拔、重用，管理者需要不断地观察，让那些有才能的员工更好地发挥自身才能，帮助企业发展。

享誉全球的松下电器的创始人松下幸之助，就因为提拔山下俊彦为总经理，才使松下电器拥有今天如此显赫的成就。当时的山下俊彦只是一名普通的员工，39 岁的时候被提拔为松下分公司的部长，后来又担任了公司的董事。

山下俊彦能够成为松下公司的董事，完全得益于他卓著的经营成绩和出众的才能。并且，山下俊彦清楚地看到公司内部的弊端，坚决进行改革，使公司可以发展得更好。千里马总会遇上伯乐，松下幸之助发现了山下俊彦的才能，知道他是难得的人才，也是整个公司里最优秀的将才。于是，松下幸之助破格提拔山下俊彦。山下俊彦当上总经理以后，也颇有松下幸之助的识人之能。他重视有才能的年轻人，提拔有才能的员工，不断地努力，凭借自己出众的战略眼光和能力，使松下电器在短短几年之内得到很大的加强，企业的业绩也突飞猛进。

在山下俊彦当总经理的第二年，松下电器的经营状况呈直线上升。到了 1983 年，松下电器的利润总额比 1977 年几乎增加一倍。松下电器也逐渐被世界知晓，企业发展越来越好。

管理者应该知道，对于员工，即使他的能力出众，也不能让他升迁过快，但是也不能让有才能的员工等得太久。特别是当管理者发现一名员工能力超群的时候，不能错失机会，让员工得到晋升，为企业的发展创造更好的效益。

管理者要认识到，员工的业绩到底如何，在短时间内是无法考核的。如果员工升职的时间和周期太短，管理者不能客观地考核员工的工作情况，也不能很清楚地知道员工的工作能力。员工在一个岗位还没有什么成绩就被升职了，一些内在的素质和真实情况就无法充分地表现出来。正如明代大学士张居正说的那样："器必试而后知其利钝，马必骑而后知其良驽。"想要知道这个员工是否具备才能，是否应该被重用，就需要管理者在工作中不断地了解员工，知道员工的才能，最终决定员工是否被提升。管理者在提拔员工的时候，需要对员工进行全面的考察，品德、才能、考勤、业绩等都考核过了，那么，管理者可以再观察员工的一些其他的品质是否过硬。如果对员工提拔太快，管理者就不能很好地考察员工了。

管理者过快地提拔员工，会让员工不能很好地认清自己，不利于员工的成长。有些员工即使得到提拔，但是并没有做好充分的准备去迎接新的岗位，没有足够的经验积累，不能很好地知道自己到底是否适合这个岗位。这样，即使员工晋升了，在新的岗位上也不会得到成长。同样地，过快地提拔员工不利于员工在工作中取得成绩，反而可能会助长员工的权力欲望。过快的升迁会让员工的责任感受到负面影响，急功近利的心态也会随之产生。为了让自己升职，员工可能会做出一些不利于公司发展的事情来。

在员工的晋升过程中，管理者需要让员工明白，想要得到更好的岗位，不是一时就可以得到的，必须通过自己辛勤的努力才能实现目标。因此，管理者提拔员工不要过快，最好设置一个过渡阶段，把握提拔人才的尺度。

合理的晋升机制，对员工来说是一种激励，也可以帮助企业收获效益。所以，管理者在制定晋升机制的时候，要让员工明白，晋升是一种长期和不确定的诱惑，想要获得成功，得到提拔，就要在工作中不懈地努力，通过自己的努力取得成功，得到晋升的机会。

要让员工看到晋升的空间和价值，让他在工作中充满激情与动力。只有员工在工作中充满激情，工作的效率才会更高，企业的效率也会随之提高。如果管理者能在企业中为员工创造更大的施展空间，让他感到有挑战，有期待，管理者同时还能控制晋升的速度，让员工一步一步地成功，一步一步地晋升，那么，员工就能够看到自己未来的发展空间，在工作上也会更加努力。

创新思维是前进的铺路石

企业发展如果没有创新，那么企业就会毫无竞争力，在面对市场竞争的时候，就会被无情地淘汰。创新就是突破常规，不断创造，从而找到新的想法与思路。所以，企业管理者要敢于改变思路，为企业发展寻求新的天地。创新意识看似很难，其实不然。它就像一层窗户纸，不捅破的时候毫无头绪，一旦捅破了这层窗户纸，一切都会变得非常清晰。

我们面对的世界，并不是稳定不变的，而是一个不断变化、充满竞争的世界。这种竞争，主要是依靠创造力和创造性来推动的。真正具有创造性的活动，不是妨碍别人的活动，而应当是促进发展的活动。也就是说，创新应该是促进发展的，而不是阻碍他人的发展。

企业的创新是为了谋求更好的发展，而在得到更好的回报之前，创新是一条非常艰难的道路。新点子的出现，总会遇到各种各样的困难和问题。为了让自己的想法独树一帜，管理者需要不断地检验，不断地调查。可见，企业想要创新，需要投入很大的努力。管理者可以多多鼓励员工，让员工积极地参与到创新中，众人的智慧肯定会找出更好的想法。

“布里丹的驴子”是一个寓意非常深刻的故事。有一头肚子很饿的驴子，在它面前，有两堆不同方向但是同等距离、同样大小和同样种类的草料。这个驴子犯了愁，不知道该去往哪个方向，因为两堆料草数量和质量是同样的，同驴子的距离又是相同的，所以它不知道该怎么办才好。于是驴子就在原地犹豫不决，最后在犹豫的愁苦中饿死了。

这则寓言告诉我们：许多时候，有一点创新意识，激发创造力，就会变得有活力；一直处于呆板的状态是不会有收获的，并且还会扼杀创造力。如果驴子不犹豫不决，它也不会被饿死。企业同样如此，不能犹豫不前。创新思维会在原地踏步中被扼杀。企业想要更好地发展，就要不断地创新，不断地开发创造力，不断地研发新的产品，思路决定企业的出路，这句话永远不会过时。企业只有思路对了，才能找到更好的出路。

人人都具备创造力，但创造力产生的成果却被称为奇迹。奇迹是人们不断进行创造的另一种解释罢了。每个人都具备创造力，在企业中，凡是新点子的产生都应归于创造力。创造力也是创新的能力。企业如果没有创新力，没有创造力，那么企业将会死气沉沉，经营也会遇到问题。创新能力可以帮助企业更好地发展，所以，企业管理者要让员工充分发挥自己的创造能力，帮助企业创新，从而获得效益。管理者想要员工更好地创新，不断地创新，还需要营造一种创新的氛围，让员工可以自由地创造，说出自己的想法。

从前，有个人喊价28万美元卖一块铜。记者打听得知，这个人是位艺术家。但是，一块只值9美元的铜喊价28万美元，这个价格真是个天价。于是，这位艺术家被请进电视台。在节目中，他说道："一块铜价值9美元，如果制成门柄，价值就增值为21美元，如果制成工艺品，价值就变成300美元。如果制成纪念碑，价值就应该值28万美元。"华尔街一位金融家被他的创意打动了，花费30万美元购买这块铜，最终用那块铜制成了一尊优美的头像。一块铜从9美元卖到30万美元，这之间的差距是非常大的。而这个差距就是创造力的价格。

原来，一个人的创造力可以创造出这样巨大的价值。但是，只有真正好的创造力才可以创造出这样的价值。企业的创造力也是如此。企业想要获得好的收益，就要不断地创新，只有创新，才能帮助企业收获利益。

奥列佛·温特·怀斯曾说："人的智慧如果滋生为一个新点子时它就永远超越了它原来的样子，不会恢复本来面目。"每个人都可以应用自身具有的创造力，同时还可以在应用中不断增强这种能力。只有创造力才能够带来我们想要的东西。

有调查显示：45 岁以上年龄段的人创造力只有 5%；20 至 45 岁之间的人创造力也只有 5%；这样的结果很不理想。但是，17 岁至 20 岁年龄段的人创造力达到了 10% 以上；更令人惊讶的是在 5 岁儿童中，创造力竟然高达 90%。人的创造力是与生俱来的。随着年龄的增长，创造力受到了抑制。而就算在这种抑制的状态下，人的创造力并没有完全消失，而是被隐藏起来，没有发挥出来而已。所以，企业的管理者可以充分地调动企业员工的创造力，让员工发挥想象，不断地创造。

人的创造力是无限的，限制创造力的因素来自于知识系统、道德系统和价值系统。当然，周围的环境因素也是一个限制条件。这些因素常常妨碍人们发挥创造力，让人们对于自己的创造力感到怀疑，约束人们的创造行为，让人认为自己没有创意。

通常情况下，人自身的障碍在于不能真实地面对自己，而是通过外界的成见来判断自己能做什么、不能做什么。这种做法是对自身的一种否定。现实生活中有许多阻挡创造力的东西，人们只有将这些东西移开，才能更好地发挥自己的创造力。追求新鲜的事物并没有错，当你被某种信念限制时，不用考虑它，大胆地去创造，最后，成功是对于这些信念最好的回击。

作为企业的管理者，应该及时将阻碍创造力的绊脚石移除，找到适合自身企业的成功之路。

见招拆招，不要墨守成规

有些人喜欢事先计划好一切事情，可是，也有一句话叫作“计划赶不上变化”。企业经营同样需要这句话。在企业经营中，有计划固然是重要的，但是还需要有应对变化的计划。在面对突然发生的事情时，企业能够很好地应对，渡过难关，也是企业经营成功的条件。

世界上唯一不会变化的就是永远变化。确实，计划赶不上变化。企业在经营过程中，总是突然出现各式各样的事情，扰乱本来平静的步伐，这些半路杀出的事情，会让原本的计划被打破。但是，这些突然出现的事情却也再正常不过。谁也无法预知接下来要发生的事情，谁也不能说我可以安全地度过突如其来的变化。所以，在面对变化的时候，最重要的还是拿出应对之策。企业更加需要这个对策。企业要面对的变化关系到企业的存亡和员工的生存。所以，管理者要在变化发生之前就事先制定出应对的措施，让企业可以在变化中安全度过，得到成长。

制订计划初期，有些信息不完全，需要在行动的过程中才收集到，所以计划也就会不周全、不全面，不能准确地与实际相吻合。计划通常是死的，不会改变的，所以在执行计划的过程中就会出现变化。企业的管理者要注意到这一点，从而更好地应对经营中遇到的变化。

英国有一部动作片老电影叫作《野鹅敢死队》，电影的剧情非常简单，却充满惊险。主人公福克纳上校，被某银行家雇佣，任务是从非洲一座监狱里劫走被推翻下台的前总统林班尼。谈好佣金，福克纳组织一支50人的敢死队。敢死队趁着夜幕，到了目的地，计划也进行得非常顺利。监狱看守被轻松地干掉了，他们成功地劫出了林班尼。另一个行动小组也占领了机场，等待接应。

然而，雇主银行家和这个国家的独裁者达成了新的交易，不再需要林班尼，于是他下令接应的飞机返航，让独裁者的军队消灭敢死队，以省下雇佣敢死队的费用。

敢死队的处境非常危险，但求生的本能让他们迅速做出应变，于是，敢死队迅速制订出新的计划，决定开向林班尼的领地。可是当他们来到林班尼领地的时候，当地的神父用和平的信念使林班尼放弃了战争。敢死队再次面临新的挑战。幸好，神父告诉敢死队，这附近的机场有一架飞机。于是，他们决定占领机场，抢到飞机离开这个死亡之地。

敢死队突出了重围，抢到了飞机，可惜“军师”雷弗却牺牲了。飞机在飞行中也遇到了问题，不得不迫降，但是罗得西亚机场却不允许他们迫降，福克纳用林班尼的声望求救才得以绝处逢生。最后，福克纳找到了那个背信弃义的银行家，把他送上了西天。

当然，电影的情节不会在生活中出现。但是在现实中，管理者的工作同样会遇到各式各样的挑战，计划赶不上变化的问题也会经常出现。法国记者和政治家吉恩曾经说过：“管理根本的任务是什么？是对变化的聪明应对。”这句话告诉管理者：管理企业，必须像上面故事中的敢死队一样，善于在变化面前调整原本的计划，及时改变策略。如果企业遇到变化，管理者首先慌了阵脚，那么，企业的员工也会手足无措，企业的经营也会出现问题。

查斯特·菲尔德爵士指出：“如果你立下的目标变得更灵活时，你就会发现一些美妙的事情开始发生了，你会觉得更放松，并且你不会损失任何生产力。”管理者在制订计划的时候，就应该将更多的变化因素考虑在内。制订的计划可以分为多套，有应对变化的计划，有没有变化出现的计划。只有管理者将种种因素考虑进去了，才能够帮助企业更好地运营。管理者甚至还要有“未思进先思退”的精神，使管理工作具有灵活性。这样，就算出现了意外，也能够最大限度地减少企业的损失。

彼得·德鲁克说过：“环境变化并不可怕，可怕的是沿用昨是今非的逻辑。”一旦出现意外的情况，管理者就必须尽快地做出应变的对策。如果企业遇到的只是小问题，只进行一些局部的调整就可以解决问题；如果问题十分严重，管理者就必须立即停止计划的执行，将损失减到最小。

意外的出现肯定是有原因的。有些是因为管理者的主观原因，比如缺乏对目标应有的重视，做计划之前缺少足够的市场调研，知识储备和管理经验不足，都会使管理者在面对变化时慌了阵脚。还有就是客观方面，比如管理者制订的计划其执行方式不能很好地适应市场的变化，或者市场的发展超出管理者的预想等。

无论是哪个方面的原因，企业的管理者都应该在管理企业的过程中不断思考，总结成功的经验，制订出更好的计划。管理者制订计划也需要听听他人的意见，集中众人的智慧，在面对意外的时候及时召开会议，找出问题出现的原因，从根本上解决问题，还需要根据新的情况和新的要求，不断地修正和完善计划。企业想要长久地经营下去，就需要有应对意外的解决办法。同时，管理者在应对问题时的主动态度也可以让员工对企业更有信心。最好的办法，就是不断完善计划，根据市场的需求不断地调整计划的具体细节。

制度创新，从开会做起

开会的时候不能工作，工作的时候不能开会，一个企业如果总是随时开会，那么，这个企业就是一个谁都不做事的企业，因为任何人都不可能边开会边工作。管理者在会议上花费过多的时间，是企业组织不健全的表现。企业在会议上浪费的时间越多，员工的工作效率就越低。所以，管理者要将会议改革放在首位。企业只有将会议制度改善了，那么，企业的运转才会更加顺畅。

管理者在开会的时候，不妨观察一下，看一看会议中是否有人分心，甚至是打瞌睡；是否有人不提建议，只提意见或者批评别人；到会议快结束了大家才想起来主要问题还没讨论；一直有人不知道开会的目的是什么；会议结束，也没有想出新的点子……管理者如果在会议中看到这样的情况，就说明企业的会议已经到了迫切需要改善的地步了。当会议占用员工太多时间的时候，员工工作的心情自然就不会很好，会议时间越长，就越浪费时间。会议时间过长，没有人愿意参与讨论，明明可以用电子邮件就可以解决的事情，非要大费周章地把员工召集起来，一起研究研究。这样的会议员工早就已经厌烦了。管理者管理企业，重要的是让员工帮助你企业取得收益，而不是磨灭员工的工作热情。

每个企业都需要开会，但是如何让会议变得更加有成效，让员工在会议之后更好地工作，这是管理者不能忽视的问题。重要的会议可以帮助员工更好地了解企业的工作总署，一些不重要的会议还是尽量少开。

尽管会议承担着一部分的沟通任务，但是那些永远开不完的会议浪费的成本是企业无法承担的。有调查显示，80%以上的管理者都因为会议的高成本而苦恼过。可见，提高会议的效率，节约会议的时间成本成了众多企业的一个共识。

佳能公司曾经也出现过这样的情况：讨论比较重要的经营战略的时候，公司的领导层差不多几十个人齐聚一堂，会议除去中间的一个小时午饭时间，从上午8点一直开到下午5点，而且，这样的会一开就是两天，并且会议每个月至少两次。

酒卷久担任社长后，决心改变这样的会议模式。为了缩短会议的时间，提高员工在会议中讨论的效率，酒卷久决定把会议室的椅子全部搬走，让员工都站着开会。不仅是站着开会，为了提高会议的效率，激发员工的创造性，酒卷久还制定两条规则：严禁发表不属于自己想法的意见以及严禁携带和分发资料。不能很好地表达自己想法的人，或者表达得不准确的人，会被强制赶出会场，而且，会议中从来没有提问过的人，不准出席下一次会议。而员工的手上一旦有资料，就会专注看资料，不能认真地听讲解。酒卷久会议改革的效果非常的明显，开会的时间缩短了75%，而且员工的发言次数和会议的质量都有明显的提高。

会议的改革是企业经营中必不可少的一项。如果会议不能使员工更好地发言和更好地激发员工的创造性，那么，会议的效果就一点也没有达到。正如美国管理学家理查德·怀特说的那样："缩短会议时间的方式之一是把椅子从会议室中拿走，因为站立开会的时间大约只有坐着开会的一半。"坐着开会，时间一长就会让员工觉得无聊，容易犯困。而站着开会可以使员工的注意力集中，也就可以更好地激发员工的思维，让员工提出自己的想法和建议。员工参与讨论的效率提高了，会议也就能很快得出结果。有调查表明：人们站着的时候，灵感出现的概率会增加 30%。所以，企业管理者可以考虑是否将会议室的椅子全部移走。

企业经营中，一些没有必要的会议可以选择不开。这些不切实际、没有目的、没有意义的会议只会让员工在心中对会议产生抵触。会议的作用就是收集员工的智慧，一旦员工在会议上开小差，那么会议最关键的作用就失去了。管理者要根据自身公司的特点，及时地进行会议改革，让员工在会议中充分发言，使会议的效率达到最大化。

企业在开会前要做好充分准备，即便是紧急召开的会议也应该如此。确定会议人员，只邀请有关人员参加，提前通知他们，要求他们针对问题提出解决的方案。为提高会议的效率，管理者最好不要选择员工午餐前或下班前的时间召开会议，可以将会议安排在员工时间和精力充分的时段进行。一周中周四是讨论问题的最佳时间。而且，每次开会都要有时间的约束，时间不宜过长。员工一旦知道会议的时间很充足，会议的效率就会下降。只有确定会议的结束时间，才可以让员工的注意力更加集中。

会议的时间长短也可以说是决定了效率的高低。只有会议的时间缩短了，才能将效率提高。会议效率提高了，员工的工作效率自然而然也会提高。只有员工的工作效率提高了，企业才会更好地运转，收到更好的效益。

善于变通才能柳暗花明又一村

在商界，最大的忌讳就是一条道跑到黑，死钻牛角尖。在公司经营的过程中，正在计划执行或者已经开始执行的项目没有多少市场的话，如果不考虑现实状况做出调整而是一味执着前进，就有可能带来严重的损失。面对这种情况不妨另辟蹊径换一条路走，开辟一个还没有人涉足或者说很少有人涉足的市场，这样做往往能给企业带来很多出乎意料的利润。

1988年4月，长实集团与中信集团展开合作，共同取得蓝田地铁上盖的发展权。第二年年底，长实集团推出了在地铁上盖建一个名为汇景花园住宅小区的计划。蓝田地处新界，南面与维多利亚港的东入口相邻，位置相对来说比较偏僻，但由于地铁第三期投入建设，所以沿线的地价开始飙升，这样一来汇景花园摇身一变成了香港人安家置业的最好去处之一。通过多次竞标和不断地收购私人土地，李嘉诚囤积了面积广大的地皮，为之后的房地产发展提供了大量的土地资源。

1986年的长实集团市值仅为77.69亿港元，与置地集团的资金标准还相差很远，可几年之后的1990年，长实集团的市值就已经增长到了281.28亿港元，在香港全部已经上市的房地产公司中排名第一；排名第二的是郭得胜领导的新鸿基地产，它的市场总值为242.07亿港元；第三位则是一直在香港房地产业做大做强的置地集团，它的市场总值为221.31亿港元。除此之外还应该强调一点，长江集团早在1986年中期就已经超过怡和集团全系的市场总值了。

置地集团的优势在于，它将每单位面积的价格都定得特别高。认识到这一点之后，李嘉诚改变了战略，他扬长避短，将集团的发展重心从寸土寸金的繁华地段转移到了土地资源较为丰富但地价却比较便宜的地区，之后便开始大规模地兴建众多大型的屋村，并最终以数量多而取胜。

不久，香港府便正式批准建立香港第二电信网络工程，借此跟上已经用上有线电视的西方国家的发展步伐。

对此，李嘉诚很快做出了判断，他认为有线电视以后的发展前景必然是极为广阔的。凭借长实集团旗下公司对精通的巨大优势，李嘉诚抢占了先机，以最快的速度和英国大东电报局、香港中信公司强强联手组成新财团，想要拿到第二电信网络的指定经营权。

第二年春天，香港政府经过慎重考虑初步决定将以和黄集团为核心的财团作为香港第二电信网络的指定经营者。但没想到和黄集团内部不久便出现了一些问题，导致在这项投资上没有达成一致。香港政府最后决定将这项经营权交给了在电信方面实力雄厚的九龙仓有线传播公司。

虽然这一系列的事情都超出了李嘉诚的计划范围，但他并没有因此而放弃，相反他重整旗鼓，在进行多方的调查和综合考虑之后决定另辟蹊径。

过了不久，长实集团便与和黄集团、中信公司以及大东等三家企业取得了合作，共同建立亚洲卫星公司，之后对外界宣布，公司将要投资发射一枚人造卫星，并且这枚卫星只为亚洲提供相应的电信服务。由此，李嘉诚双管齐下，另辟蹊径的策略再一次取得成功。

1990 年 4 月，由亚洲卫星公司投资发射的“亚洲一号”卫星成功发射上天，按照计划，这枚卫星主要的用途是提供电话服务。

由于当时的通信业还不发达，电话的使用率也比较低，最终李嘉诚将这颗卫星投入了电视领域。之后他以自己的名义同和黄集团展开合作，成立了卫星广播有限公司。

二儿子李泽楷对李嘉诚即将实施的这个卫星电视计划产生了浓厚的兴趣。于是，李嘉诚便将他安排进卫星广播有限公司工作，之后又任命他为公司董事并同时负责公司的行政工作。由此，李泽楷在商业方面的天赋便逐渐开始显露出来。

李嘉诚的卫星电视计划很快便走上了顺利发展的道路，越做越好的同时也对九龙仓正在运行的有线电视项目构成了很大的威胁，自然，九龙仓对李嘉诚的卫星广播有限公司也渐渐有了敌意。于是，双方开始对峙，争斗逐渐走向白热化，谁都没有要让步的意思。

1990 年年底，香港政府正式将卫星电视的经营权给了卫星广播有限公司，但同时也提出了附加条件，不允许播放粤语节目就是附加条件之一。

在当时，香港是众多卫视节目的主要市场之一，但是大部分的香港华人根本听不懂普通话，所以在看普通话节目的时候就很困难。如果香港政府不允许播放粤语节目的话，那么这个辛苦得来的卫星电视经营权就变成一个可有可无的权利了。

为了拉拢人心，也为了改变现状，李嘉诚一改从前温和的态度，他与二儿子李泽楷一起接连召开记者招待会，借助媒体的力量对香港政府规定的合理性提出了质疑，并表示了他们的不赞同态度。

除此之外，李泽楷又对九龙仓的高层施压，最终使九龙仓用放弃有线电视的计划作为条件来得到香港政府的帮助。

因为双方在电视项目方面都有高达数十亿元的高额投资，再加上双方都有实力极其雄厚的后台作为支撑，所以最后香港政府不得不亲自出面调解双方的矛盾。

1991 年 3 月，继卫星广播有限公司之后，李嘉诚又创立了卫星电视公司。两年之后，李嘉诚将这个公司转手卖给了默多克。由此，和黄集团和李氏家族得到了一大笔丰厚的收益，非经常性收益就高达几十亿元之多。另外，李氏家族与和黄集团仍旧持有卫星电视公司将近 40% 的股权。

一条路跑到黑可以认为是持久的坚持，但更多时候是一种死脑筋的表现。当无路可走或者走着走着撞到墙之后，要停下来想一想这样的做法是不是错的，当路走不通的时候要懂得变换思维、另辟蹊径，开辟出另一条路线，这时便会发现还有很多的发展空间，还有很多条通往成功的路，只有这样才能带领企业逃出死胡同，找到可以更好的发展之路。李嘉诚的做事方法很好地诠释了这个道理，企业管理者应从中加以学习和借鉴。

培养人才，推进智力创新

为了在行业里站稳脚跟，为了不被同行落下甚至淘汰，每一个企业都在努力进行创新，有的在技术上创新，有的在制度上创新，也有的在智力上进行创新。但是智力创新该怎样进行呢？或者说智力创新都有哪些方法呢？

就企业经营来说，最首要的问题是寻求和培养人才。

不论是哪个企业都一定是在拥有了高能力的人才之后才会向前发展，哪怕这个企业具有很悠久的历史，如果没有能将历史继续传承下去的人，那它迟早也会逐渐走向没落。企业的组织和管理固然重要，但它们想要发挥作用还得靠人来掌握，不论企业的组织有多完善，技术有多先进，如果缺乏那个最为关键的掌控人，这些完善和先进之处也就发挥不出它们应有的效果，因此也就无法完成企业的使命。可以说，企业能否在自身发展势头良好的前提下为社会做出贡献，关键在于有没有能自如操控的人。

松下电器刚刚起步，规模还比较小的时候，董事长松下幸之助就经常对员工们说："如果有一天有人问你：'你们公司是做什么的？'那就请你们这样回答他：'我们松下电器是专门培养人才的。虽然我们公司是做电器制造的，但在产品制造出来以前首先要做的就是培养出我们需要的人才。'"生产出优质的产品是每个企业的使命和责任，为此就必须培养出相应的人才，只要有了人才优质的产品自然就会被生产出来。

那么，人才该怎样正确地培养呢？恐怕回答这个问题就需要对症下药，具体问题具体分析了，但至关重要的仍然是要具有一个最基本的观点，也就是企业最应该具备的正确的经营理念和企业的使命感。

企业的掌舵人必须要经常将这些经营理念和企业自身的使命感灌输、渗透给所有员工。假如经营理念只是一些被写在纸上的大篇文章，那它是没有什么实际价值可言的，也可说是一文不值，它只有融入每个员工的心里、体内，变成员工的血肉，才能将作用最大限度地发挥出来。因此，必须要抓住所有的机会，将企业的经营理念和使命感一次次地传输给员工。

当然，灌输并不等同于企业领导者单纯地将企业理念和使命感讲解给员工听，而是要在实际的工作过程中，说该说的话，纠正该纠正的事情，将理念与使命感一点一滴地渗透到员工的思想中去。应该说的一定要说，应该申斥的一定要申斥，这并不是根据个人自身的感情或想法来做的，而是将自己放在使命感的高度上进行的提醒和申斥，因为这种严格意义上的管理对对方的个人觉悟以及成长都能起到很好的推动作用。如果该说的话不说，该申斥的不申斥，这样虽然部下会很满意，对企业的领导者或者上级来说同样也是极为安逸的，但是，我们必须要意识到，类似于这种苟且偷生的方法是一定不会培养出优秀的人才的。

除此之外，还要敢于将工作大胆地分派给员工，并让这些担任了工作的员工能够在其责任与权限的范围之内自主开展工作。所谓的培养人才，其实归根结底就是培养出懂得经营、擅长经营的人，培养出能够运用自身的经营意识去把任何一件看起来微不足道的小事做得完美无瑕的人。要培养这个类型的人才，不能所有的事情都不停地下命令，否则这样培养出来的只是一些无论什么事都唯命是从，从不自己动脑筋想办法的人。

由于管理者敢于将工作大胆地分派下去，所以为了将这项工作做好，员工自己就会积极地开动脑筋想最好的办法，将自己身上所拥有的能力都最大限度地发挥出来，相应地，他自己也会随之慢慢成长起来。松下电器的事业部，在某种角度和意义上来说，便是将这些做法做了进一步的改善然后再将它们制度化。事业部不单单是一种经营模式，它所负责的每一项工作中都蕴含这种思想，并且将这种思想成功地灌输到所有的工作当中去。

当然，在大范围内将工作分派出去，是在能够将企业的基本方针牢牢掌握的前提下进行的。否则，将工作分派下去之后，员工们如果各行其是，那么最初的集体就会演变成一盘无法聚拢起来的散沙。说到底，最根本的就是要在方针政策的基础上给予员工一定的权限。因此，企业的基本思想与经营理念仍然起着很重要的作用，占有很重要的位置。可以说，只有根据企业的经营理念让员工从事那些自主性比较强的工作，才能将优秀的人才培养出来。

所谓的智力创新归根结底也是对于新型人才的培养，人才就好比整个企业的大脑，管理者要注意时常往大脑里灌输一些智慧，让大脑灵活并且装满对企业有利的想法，企业才能不断地变换战术，才能始终保持活力和竞争力，这样的企业才会一直处于向前发展的状态。

第九章　决策管理

——管理的本质

管理是一项决策的艺术，实现管理的过程既是做出决策的过程。如果一个管理者不能够在企业管理中做出聪明的决策，那么就不能称之为一名优秀的管理者。

如何做出最满意的决策

管理中的决策通常指在遇到问题时，分析问题中的要素，再拿出解决办法。决策中需要遵循的准则有决策组织、拟定备选方案、思维方式等方面。

相信许多人在选择时总会遇到抉择困难，因为总想做出最好的决定，所以当面对多重选择时，会先做比较，判断出对错好坏。同样的道理，人们在管理中做出决策时，也会希望从各项方案中选择出最为妥帖的那一个方案。

管理学家西蒙认为，决策准则需要满足以下三项要求：①考察每个可能的抉择所导致的全部复杂后果；②具备一套价值体系，作为从全部备选行为中选定其一的选择准则；③在决策之前，全面寻找备选方案。

简要来说，就是必须在考察研究过所有方案，对他们应有的后果有了一定的估计后再做出决定。

世界充满了未知性，下一秒会发生什么谁也不知道，许多计划也会在一瞬间变成如梦泡影。人们永远不能找出所有可能会发生的命运模式，正如管理中的计划，总是会变幻莫测。与其花尽时间气力寻找答案，不如顺其自然在已有的计划中选择最优的一项。

人们不可能找到所有的备选答案，管理者也难以发现所有可能的选项，人们想要选择最优秀的计划显得困难重重。即使人们通过不懈的搜寻，能够全数发现可能的计划，想要预测出每一项的后果也是几乎难以做到的。

人们因为各自在阅历、知识、能力方面的限制，很难对所有计划做出准确地估计。这是人们自身的主观原因，外在原因则是天有不测风云，人们无法保证获得预想中的结果。还有一项重要原因在于，人们为了选择最优方案，必须对各种方案逐一进行排列、对比，这是对人们的艰难挑战，几乎很难做到。

人们在进行一项决策时，难以用从一而终的态度对待每一个选项，并且用单一的目标指挥行动。许多欲望或是目标集中为矛盾体系，面对不同的选项，管理者很难用平等的心情去评断是非，对选项进行排位罗列。可见要想从中选出最符合期待，满足所有条件的选项有多困难。

因为种种复杂而又难以看清的原因，想要让管理者在实践中贯彻上述决策准则，显得很不现实，甚至荒诞无稽。于是，有学者指出，与其要做出世上最完美的选择，不如使用满意的原则，以决策者能够满意为基础进行选择与决策。

在所有方案中，让决策者感到满意愉悦的就是最为适合的，其他方案即使被确认为完美无缺，但却不一定是最适宜管理者的。决策的方案浩如烟海，这也是为什么学者们提倡“满意”远比“优秀”重要的原因。“大部分的决策都同探索和选择满足化的手段有关，无论是个人还是组织，只有面临特殊的情境才探索和选择最佳的手段。”管理学家西蒙和马奇这样表述。

人类的智慧在一定时间内是有限的，想要做出最优秀的决策很难，所以只好选择最满意的那一项，学者的“满意原则”给很多人带来提醒的同时，也给予了一定的安慰。

问题管理的核心是解决问题

人们在管理中碰到的问题需要发现、表述、解决。在三者中发现问题包含了找到问题、解析问题和规划问题。表述问题不会独立承担一个部分，它本身即融入发现问题和解决问题的范围当中。解决问题则包含了解决计划、行动方案以及事后的管理项目。以发现问题为基础、以表达问题为辅助、以解决问题为导向的一套管理理论和管理方法被称为“问题管理”。

善于发现问题的管理者，才能够正确意识到公司的发展前景以及公司日后的发展方向等问题。具备发觉问题的意识是管理者必备的能力。

问题意识本身包含了三方面的内容：①问题的分类千变万化：知识性的、探究性的、现实性的、危害和危机性的、潜在性的、突发性的、可预见性的、不可预见性的、目标和追求性的、理想和愿景性的，当然一定还有战略性的和战术性的，等等；②问题的管理也就是企业的管理，管理企业就需要从问题开始；③如果一个管理者不能很好地解决问题，那么他便不能被称作称职的管理者，企业管理即是问题管理；因此管理者需要对问题意识加强练习，对不同的问题加以剖析。

发现问题之后，管理者需要预测问题的结果。一个管理者可能不具备高深的推理技巧，但是必须拥有常识般的推理技能。想要达成对未知预测的准确判断，需要从最基本的逻辑常识开始，在客观规律的导向之下，完成对事物的判断推理，这一点尤为重要。

假使一名管理者不具备很好的预测问题的能力，那么他必须具备发觉问题的基本技能，因为对于管理者来说，发现问题是对企业最根本的管理。每个人或每家企业都或多或少有着自己的问题，如果管理者不去发现这些问题，那么管理也就无从谈起了。

如果将企业比作一匹千里马，那么这家企业的开创者就是千里马奔驰的道路，他为它铺就了方向。而这家企业的管理者就是在前往目的地的路上，照料马儿的马夫，管理者必须保持马儿的健康，解决马儿的各类问题。这也就是管理者的职责所在，当你学会发现问题、分析问题，然后解决问题，那么你便是一位合格称职的管理者了。

一个管理者不仅需要能够解决问题，还需要预防问题的发生。只考虑解决问题的人，并不能算作优秀或杰出的管理者，只有能够恰当地预防问题，才能够进入一流管理者的行列。

如果你具备问题意识，可以发现问题、分类问题、分析问题、解决问题，那么也便算得上是一个能力突出的管理者，但如果你还能再“更上一层楼”去预测问题的话，那么恭喜你已然成为管理者中的精英了。

如果管理者能够在管理工作中全面贯彻以上所说的内容，按部就班地解决问题的话，公司大概就会一帆风顺，这匹千里马也会越跑越洒脱。同时，这也是对管理者极大的考验以及能力的确认。

站在对方的角度看问题

《孙子兵法》中说：“知己知彼，百战不殆；不知彼而知己，一胜一负；不知彼，不知己，每战必殆。”也就是说，在战争中，如果不了解自己也不了解敌人，那么每场战争都必将失败，如果熟悉自己却不了解敌人则胜算比例各占一半，如果既了解自己又了解敌人，战争就能打赢。

在各种棋类游戏中，“知己知彼”这项规律被运用得极为广泛，如围棋、象棋，等等。知道对方落子是否为一着好棋，决定着自己是否也能够走出好棋，这也是为什么有人能够预知输赢的原因所在。如果人们能够站在对方的角度看事物的发展，则会让事物变化的脉络显得清晰异常。这是人们做决策的过程中一个很重要的问题。

著名电器厂商松下电器的老板松下幸之助在年轻时期也曾经历迷惘，在经营公司的过程中，他因为与人交往不顺当浪费了许多时间。

松下幸之助在与其他厂商交往期间，为了提高效率，达到快速投产的目的，希望能够以最短的时间完成会谈。但是因为彼此都存在着矛盾纠葛，他的这个愿望始终无法完成。

直到23岁之前，他一直经历着挫折，后来，在一位智者的启发下，才如愿越过了沟通的门槛。那位智者向他讲述了一个故事，故事中只有一项原则，那就是站在对方的角度看问题。松下幸之助能够让公司成长为世界著名的集团，与这条原则密不可分。

故事讲述了一个被囚禁的犯人，通过为对方着想成功取得了香烟。某日，这个囚犯正在牢房里无精打采地走来走去，他双手提着宽松的裤子，因为当局拿走了他的腰带，并且饿了他好几日。虽然偶尔有一两次送饭的机会，却都是残羹冷炙，难以下咽。这日他突然闻到了万宝路香烟的味道，这是他曾经最爱抽的牌子。

在门口徘徊之际，他发现原来是屋外看守的士兵在抽万宝路，他吐着烟云，似乎享受在其中。囚犯情不自禁地用右手敲了敲房门，卫兵听到后，不耐烦地走过来问道："你小子又有什么事？"囚犯直视着他的眼睛回答道："我想要抽烟，请你给我一支万宝路。"卫兵听后，将香烟轻蔑地丢在地上，用军靴狠狠地踩住，而后扬长而去。

囚犯没有放弃尝试，他再一次敲响了房门，这回他已然想好了对策。

卫兵令人恐惧的眼瞳内发射出骇人的光芒，他走到囚犯门旁，看他要搞什么花样。囚犯只是冷静地说道："我只要一支香烟，而你只有30秒的时间做决定，希望不要等到我用头撞墙，血液如流水淌满一地，我再将罪名推卸给你那个时候。等到那时，虽然不会有人相信我，但是，你必定会遭受上级的盘问和检察官的训斥，还有那些令人无计可施的报告单的折磨。至少，这是一场不小的麻烦事，为了生活更加舒适安宁，请现在就给我一支万宝路吧。"

结局是囚犯抽着卫兵从窗口递过来的万宝路，从嘴中吐出烟雾，他知道自己正在享受胜利的果实。

听完故事后，松下幸之助陷入了沉思，他将思考到的理论深深地记在了心里，那便是：站在对方的角度看问题。

当你成为对方的替身，进入对方的世界，你会发现世界如此不同，生命的形态如此迥异。达到这层境界后，你便能够真正自如地达成自己的目的。

《孙子兵法》中的"知己知彼，百战不殆"是我们每个人都熟知的理论，谁都明白站在对方的角度更能够体会他人的处境，完成自己的心愿。然而并非所有人都懂得如何做到"知己知彼"。

"知己"意味着了解自己是谁，现如今的情况如何，以及在此基础上能够达到的目的是什么。如果没有行事的计划，毫无目的地前行，岂不等于一叶障目、无的放矢吗？

人们在做决策的时候，“知己”是前提，“知彼”是条件，两者都具备了，才能稳操胜券。

积极准备防范措施

在事件发生前，对可能发生的偶然事件进行预估，并采取最低限度的补救方法，从而使决策可以安然实行，这就是防范分析。

管理者在为公司做出决策时，应当考虑到决策执行的环境以及其中可能会产生的种种变故，而不仅仅是抛出一个想法。也就是说管理者在做出决定但还未实行前应考虑前因后果，在突发事件发生后，采取最快最有效的补救措施。

防范分析需要管理者对操作过程全面熟悉，经过整体的考量，决策结果应当是逻辑性的、层次性的，否则，管理者的决定有极大可能会毁于一旦。需要预测的事件因为都具备一定的偶然性，不在能够观察的范围之内，所以很难被发觉推测。

管理者应当在事件发生前就运用防范分析，来周全考虑可能发生的其他小概率事件。如果抱着“想当然”的心态，一味地相信直觉，认为自己想的办法万无一失，而不去做未雨绸缪的防范，这件事情一定会有极大的风险，结局很可能会是惨败，即使侥幸能够获得成功，日后的工作也难以保证顺利开展。

这也是为什么我们需要防患于未然的原因所在。对未知事件的防范可以遵循以下分析原则：

首先，将方案运行过程中可能会发生的事件进行罗列排序，运用最详尽的方法将不希望发生的事件进行归类。重视在客观分析下出现概率极大的事件，并给予关键的标注和高度的注意，对它们进行详尽的分析，例如将会出现的地点、时间，可能出现的频率等。

其次，为突发性干扰事件进行评分。所有事件都有可能发生负面影响，为了使负面影响降低，让方案朝积极的方向运转，我们需要对罗列的不希望看到的事件进行负面排行。如果一件事情越有可能发生，那么它的负面性就越强，管理者应找到相应的对策。

再次，找到未知妨碍事件的解决办法。在搜寻出的干扰的事项中找到最大概率会发生的以及负面影响最大的，预先做好防范措施。

最后，为了将意外损失降到最低限度，再准备一套应急措施。除了已经预备的防范措施之外，在这一过程中可能会有无数的偶发因素，所以准备应急备份措施显得尤为重要。但是不能过度依赖于应急措施，它的保护作用是有限的，在意外事件发生后，才能使用应急措施弥补或补救。而预防策略是伴随着事件发生的过程实行的，所以要将重点放在预防方面。

果断并不等于武断

这个世界因为有真理才变得有追求，才显得丰富多彩。著名的管理大师本尼斯说过：“没有正确的决断，其他的一切都毫无意义。”他认为，关于决断，唯一重要的是成败，或者结果。

人不能太贪心，凡事都只能二选一。作为管理者就要在取舍中做出决断，学会适时放弃。虽然决策的过程很纠结，但西方思想家说：只有知道如何停止的人才知道如何加快速度。所以要先拣重要的事情做，如果事情简单可以排到后面，不需要花费太多的脑筋，只需要保持足够的理智就可以了。现实不会因为你的选择而眷顾你，但上帝在关起一扇门的同时也为你打开了一扇窗。虽然关闭的那扇门对你来说同样很重要，但至少你会在失去的同时拥有另外一种资源。只有这样的选择才算得上是决断。

所谓选择，就是在一些事物上选出最中意的，任何人在选择面前都会失去一些东西，虽然将失去的不是自己选择的。人们时时刻刻都会面临失去，也在不断的选择中学会接受，不然就称不上是选择了。从中也可以看出两个问题：你是否有良好的心态和正确的价值观。

在宝洁公司成立170周年时，雷富礼曾在信中这样描述宝洁的价值观：在170年里，全球50强中只有三家公司能够保持持续发展，我曾想使宝洁永葆青春的是什么？我也相信，在这170年里，让宝洁长久立于不败之地的原因是：我们有明确的目标作为推动力，也有清晰的价值观为引导。我们为生活点缀美好，也为我们的生命点缀美好。我们的价值观是正直、信任、领导力、责任感和主人翁精神。而宝洁的脚步也不仅限于此，但在这将近200年的时间里，我们的价值观是一致的，它指引着我们，让我们始终为公司的美好前景和大家的共同心愿携手并进。

管理者的决断大部分是针对组织的，要根据环境的改变制定出合理有效的决策，根据现实情况及时做出调整。在调整的过程中管理者可以更加深入全面地做出决断，但一定要做到这6个字：“止、定、静、安、虑、得。”

在做出决策之前，事物的整体状况一目了然，这个时候可以依照事物的重要程度制定策略，按照计划执行，适当做出反馈，及时处理其中出现的错误以便达到理想目标。

万向集团董事长鲁冠球在决策上就显得很谨慎、很理智，他经过深思熟虑之后，排除了一系列不合理的发展步骤，最终选择了发展多样的汽车零件为公司主业。选择目标就是选择方向，在选择中一定要考虑到企业的利益是否可持续发展。万向如果选择汽车，那必定要大量投资，最后还有可能弄得负债累累，更无法想象如今能发展成什么样子。

鲁冠球在投资上也很理性，不乱投资，看到眉目才开始行动。在很多年以前，万向一步步发展，产业越做越大，资金变得雄厚起来，产业结构日趋完善，很快越来越多的人想要同他合作办厂。鲁冠球不是没想过，办厂有办厂的好处，可以把企业扩大，但也有它的风险，投资很大，生态环境条件也不允许，最终没有走这一步。

作为企业管理者，最重要的是要知道什么事情如何终止，什么时候终止，只有清楚知道这一点才能做好决断。反之，如果管理者不知道什么时候终止一件事，只顾开始，不问结果，这样做出的结论不是决断，而是风险。

第十章　人脉管理

——企业上升的踏脚石

现实生活中，好的人际关系也可以为企业的发展带来效益。良好的人缘说明一个人懂得如何与人相处，懂得如何与不同的人相处。同时，好人缘说明这个人在生活中是一个值得信赖的人。高效地利用人际关系，懂得如何与不同的人相处，也是经营者需要学习的。

人脉是成功的要素

希尔顿酒店集团的创始人希尔顿说："经营企业其实就是经营关系。"

"学问好不如人缘好"这句话人们已经耳熟能详了。学习好很重要，但是，人缘好同样重要。尤其是在企业中，管理者想让企业长久地发展下去，就一定要有好的人际关系。人际关系好了，企业在发展的路上也会越走越远。

人际关系是资源，更是一种无形的资产。无论是企业还是个人都应该建立良好的人际关系，不要等到有需求的时候再去联系别人。良好的人际关系能够帮助企业超越他人，帮助企业更好地发展下去。

有一个人牵引着一头骆驼和一匹马在沙漠中行走，马的身上驮满了货物。炎炎烈日，驮着沉重货物的马累得不行，于是向骆驼发出请求，希望只驮了一点货物的骆驼可以帮助它。马说："帮我驮一点东西吧，太沉了，我真的快坚持不住了。对你来说，多驮一点不算什么，可对我来说，却可以减轻很多负担。"

骆驼不高兴地回答："凭什么让我帮你驮东西，我本来很轻松的，为什么要自找麻烦。"

没过不久，因为负担太重，马累死了，于是主人将马身上的所有货物全部都放在骆驼的背上，骆驼背上的货物一下子就多了很多。骆驼十分后悔，但是没有办法，马已经死了。后来，主人还坐到了骆驼的身上，骆驼更加懊悔了。

如果马还在的话，可以帮助骆驼分担一些货物。但是，当马需要帮助的时候，骆驼并没有去帮助马。到最后，马被累死了，所有的货物都到了骆驼的身上，甚至主人还坐在它的身上。很多时候，我们如果不去帮助别人，只想着自己，不去管别人的死活，最后，也可能会让自己处于那样的境地中。帮人就是帮自己，这句话一点也不错。

好多人就是这样，在别人有困难时，你没有去帮助他，到自己需要帮助的时候，也未必会得到别人的帮助。只有别人有困难的时候，你尽力地去帮助他渡过难关，当你有事相求的时候，他也会全力帮你。好人缘就是在别人需要的时候，及时地伸出双手，而不是见死不救。

《致我们终将逝去的青春》是赵薇导演的第一部电影，这部电影也算是获得了成功，是对赵薇的一种肯定。在《致我们终将逝去的青春》演员阵容中，不仅有韩庚、赵又廷等人，还可以看到有客串的大牌人物，如韩红、杨澜，王菲还为电影演唱了主题曲。这些都是这部电影成功的因素。韩红等人的客串，也足以说明出赵薇的好人缘。

当为《致我们终将逝去的青春》宣传的时候，黄晓明突然拄着拐杖出现在节目中，并且送上特别定制的蛋糕，还扔掉双拐，给赵薇一个“公主抱”。事后，黄晓明的腿伤也有些加重。其实，赵薇并不知道黄晓明的到来，当主持人问黄晓明，为什么带着伤还要来为赵薇祝贺的时候，黄晓明说：“友情不是拿出来炫耀的，该出手时就出手。16 年，只要她需要，我一定会支持她帮助她，永远都会。”这也是赵薇最珍贵的一份友情。

杨澜从没有演过戏，即使之前有人找她拍戏，她也是拒绝的。当赵薇找杨澜的时候，杨澜还在犹豫，但是，最终还是决定出演，并且自己带着化妆师等进剧组。如果不是有赵薇的好人缘，也不会有那么多的大牌人物来客串电影。

本杰明·富兰克林说过：“成功的第一要素是懂得如何搞好人际关系。”管理者想要获得成功，就要有良好的人际关系；如果企业想要更加顺利地发展下去，就需要处理好各个方面的关系。

管理者的好人缘可以使企业在有困难的时候度过危机。人缘好的人，拥有大量的人力资源，有需要的时候，自然会有更多的人出面帮你。所以，管理者想要在危难的时候获得帮助，就要及时地帮助身边有需要的人。滴水之恩，当涌泉相报，这句话一点儿也不会过时。好的人缘也需要管理者自己去经营，建立起自己的人脉网，自己的人缘变好了，才会有朋友在危机的时候帮助你。

与顾客保持良好关系

香港首富李嘉诚说："如果能赚十分利，就只取九分，让一分利给对方，使买卖双方都眉开眼笑。"李嘉诚的话，表明企业应与顾客搞好关系，提供让顾客满意的产品和服务，只有顾客满意了，下次才会再来选购你们的产品。

企业经营的过程中，会遇到各种问题，管理者需要处理好各种关系。其中，处理好企业与顾客之间的关系也是非常重要的。如果企业与顾客之间的关系不融洽，会极大地影响企业的发展。

那么，企业与顾客之间的关系到底是怎样的呢？很多管理者认为：顾客就是上帝，只要让顾客满意了，就可以了。这种想法具有片面性。有的时候，上帝也是会犯错误的。企业想要做到真正让顾客满意，还要对顾客负责，对自己售出的产品负责。只有让顾客感觉到企业在产品售出后依旧在为顾客服务，顾客才会愿意继续选择你们的产品。

企业要让顾客感到满意，首先要提供给顾客真正需要的产品。企业的产品只有满足顾客的需求，才会得到顾客的喜爱。企业的经营方向完全可以从顾客中得到，不断地拜访客户，向客户征求建议和意见等，不仅可以帮助企业获得顾客的喜爱，还可以帮助企业更好地发展。

企业想要长久地发展下去，就要不断推出顾客满意的产品，对顾客认真负责，让顾客感到满意，这样，企业的发展才会长久，才可以走得更加长远一些。但是，有些管理者在面对利益的时候动摇了，生产出的产品偷工减料，但是价钱却在直线上升。这样的做法只会让顾客远离你们的产品，不再购买你们产品，即便获利，那也是暂时的。只有与顾客搞好关系的企业才能够更加长久地发展下去。将顾客的利益放在首位，时刻为顾客着想，让顾客感到满意，才是企业的发展和成功之道。

倾听同行的想法

徐州小飞书店的总经理王小飞说：“这个年代是个共享的年代，自己自由地共享着别人的成果，也要多与同行交流，以促进自己。”

同一个项目，不同的人有不同的想法和思路，所以，管理者可以多和同行交流，了解同行的想法，丰富自己的思路，最终达到使企业蓬勃发展的目的。有些管理者不喜欢与同行交流经验，认为自己的宝贵经验凭什么告诉别人。这是错误的想法。管理者看待问题的时候也会有有偏差的一面，只有多和同行交流，丰富自己的思路，在今后遇到问题的时候全面、客观地思考问题，才能妥善地解决问题，这也是交流的真正目的。

想要更好地发展公司，就要学会交朋友，多与同行进行交流，获取更多有用的信息。如果管理者始终抱着“闭关锁国”的想法，不去了解外界的发展，只会低头蛮干，那么，其视野必定会受到限制，思路也无法打开，企业的发展也会有局限。

杨春湖客运站经过多年的运营，管理水平不断提高，管理机制也比较完善。在同行业中，航海客运站不断进取，取得了不小的成绩，在行业中算得上是佼佼者，成为同行学习、取经的榜样。

杨春湖客运站为了更好地发展，加强了与航海客运站的交流，以开拓工作思路，提高管理水平。

杨春湖客运站的工作人员参观了航海客运站站内的礼仪服务台、售票厅、候车厅等，还学习航海客运站的管理办法，并且按照业务的不同，进行有针对性的参观和交流学习。在一整天的交流学习中，杨春湖客运站和航海客运站进行了很好的交流沟通，更加了解对方的经营方式，有利于两个客运站的发展。

杨春湖客运站参观小组的参观活动，让他们开阔了视野，拓宽了思路，看到了许多有价值的、值得借鉴的地方，还加深了两个客运站之间的友谊，增强了站与站之间的联系，促进了两个客运站的共同发展。

企业管理者只有多和同行进行交流，开拓思路，听取反馈，才能够帮助企业更好地发展下去。

萧伯纳说过："如果你有一只苹果，你和别人交换，你拥有的还是一只苹果；如果你有一种思想，你和别人交流，你将拥有两种思想。"所以，管理者在与同行进行交流、沟通的时候，用自己的想法去换得更多的想法，不仅可以帮助自己更好地发展企业，还可以交到朋友，获得强大的人脉资源。

随着社会的发展，市场的变化也越来越快。企业如果不能很好地应对市场的变化，就很可能会被市场淘汰。而想要不被淘汰，企业就要多与同行进行交流，了解同行的变化，获得有用的信息，从而让企业在面对变化的时候能够很好地应对。管理者要多与同行业的其他管理者进行交流沟通，了解其他企业的发展动向，获得有利于自身企业发展的信息。企业只有不断地开拓思路，不断地对外交流，才能在纷繁复杂的市场中占有一席之地。

在交流的过程中，管理者可以总结自己的做法和想法，看看有哪方面存在不足，反思是否需要改进。管理者可以从别人的经验中看到自己的不足，找到自己发展的方向，还可以学习到别人先进的地方。

当然，通过交流，管理者也要学创新，如果只是照搬别人的模式，那么企业发展也不会有自己的特色，相当于在给别人打广告。如果管理者在交流的时候能取长补短，不断地进行创新，那么，下一次交流的时候又会有许多新的想法。

山外有山，人外有人

管理者想使企业取得成功，不仅要与同行进行交流，还需要与成功者探讨经验，将成功经验应用到自己的企业中，为企业发展做贡献。每一个企业的管理者都想干一番事业，做出一番成就。于是在很多时候，管理者都喜欢将这些重担放在自己一个人的身上，认为独立自主就可以完成，不去向别人探讨经验，即使对方的企业很成功，也不愿去交流，认为自己的才是最好的。这种想法是错误的。管理者不能盲目努力，要懂得与赢家探讨经验，获得有帮助的信息，帮助企业更好地发展。

1982 年，美国哈雷摩托的管理者决定去日本本田摩托的工厂进行访问，寻求成功的原因，但是结果令哈雷摩托的管理者大吃一惊。当时本田在美国重型摩托车市场的占有率高达 40%，是哈雷摩托车最强劲的对手。当时骑摩托车的人认为本田摩托车比哈雷摩托车价廉，而且还耐用好骑，所以大部分的人都选择购买本田摩托车。

哈雷当时只是想学习本田成功的科技，但是，在本田的工厂里，哈雷的管理者却看不到电脑，也没有其他特别的作业系统，工厂里只有少量的纸上作业，除了几十名职员领导着 400 多名装配工人外，其他的什么也没有了。但是，这些员工对工作都显得非常的满意。

本田的成功，就在于它活用常识，而这也是值得哈雷去学习的地方。几年以后，哈雷摩托重整旗鼓，在美国重型摩托车市场的占有率从 23% 增长到 46%。一切都是因为哈雷摩托的改变，从好勇斗狠变成卑微可亲。数年之内，哈雷用最好的人事管理制度和品牌策略，使哈雷摩托脱胎换骨，重新获得市场的青睐。

哈雷摩托车在世界上有如此高的声誉，得益于它与赢家探讨经验。如果当时的哈雷管理者没有去本田工厂交流学习，那么，哈雷的市场地位就会越来越低，慢慢地，哈雷可能会被市场淘汰。面对他人的成功，管理者要做的不是羡慕，而是应该多多和赢家探讨，学习成功的经验，将成功的经验更好地应用到自己的企业当中，帮助自身企业的发展，让企业变得强大。

在企业管理中，多多交流是非常有好处的。多多交流可以帮助管理者了解其他企业的变化发展，还可以帮助管理者得知外界市场的变化，以便在企业遇到问题的时候，可以更好地解决问题，应对变化，渡过难关。沟通交流，对于一个企业的管理者来说是非常重要的。在企业的发展过程中，管理者的想法不会永远正确，有时候，管理者的想法会出现漏洞，存在不全面的地方。这就需要管理者多与行业赢家沟通交流，获得宝贵的经营经验，更好地帮助企业的发展，实现企业的目标。

李嘉诚说过："每一个事业的成功者，都需要独自承担属于自己的那一份苦难!"只有在赢家的经验中获得知识，度过自己的苦难，企业的成功才会指日可待。无论是哪一行业，企业离开了向他人学习，请教经验，最终什么也做不成。

管理者向赢家学习、请教经验，可以帮助自己的企业更好地度过危机。眼镜制造商"西柏视力"也曾遇到过危机，前董事长东尼决定向赢家学习经验，改变现在的状况。他发现：耐心地向顾客解说，以顾客为导向制作出的产品更受欢迎，所以在企业中开始实行转变，这也使东尼的经商理念完全改观。

管理者要记住：山外有山，人外有人。不断地与赢家探讨经验，学习成功之道，放下所谓的面子，你就会发现很多值得学习的地方，将学习到的宝贵的经验很好地运用到自身的企业中，可以帮助企业更好地发展下去。

找寻每个人身上的亮点

心理学家大卫博士在20世纪60年代发现，人们有两种行为模式，即果敢型和反应型。果敢型的人更具说服力或指导力，反应型的人则善于表露自己的情感或者体会他人的情感。果敢型的人决策会非常迅速，喜欢高谈阔论，爱好冒险，喜欢发表自己的意见，敢于反抗，发令的时候直截了当。而反应型的人则喜欢表达自己的情怀，喜欢与人共事，更喜欢被领导。

总体来看，果敢型和反应型这两种行为模式都是有利有弊的。企业中会有不同行为模式的人，管理者可以从不同的人身上学习不同的经验，帮助企业更好地发展。

魏征早年的时候，并不是投靠李世民的，而是为太子李建成做事。魏征的才华非常出众，因此很受太子的器重。

后来，玄武门兵变，李建成被杀死。李世民很早就知道魏征是个人才，于是亲自召见他。李世民一见魏征，就非常生气地说："你为什么要离间我们兄弟之间的感情？"在场所有的大臣们都感到魏征会有杀身之祸。可是，魏征不但没有求饶，反而从容自若地回答说："如果太子早听我的话，肯定不会落到今天这样的下场。"李世民听后，觉得魏征这种不畏强权的精神非常好，也被他的正直感动，非常钦佩他的人格。

因此，李世民不但没有处罚魏征，反而重用了他，让他担任谏议大夫，专门向自己提意见，以后又提拔魏征当宰相。魏征也大胆进谏，对国事提出建议。魏征在当官期间，先后向李世民进谏了200多次，每一次魏征的提的意见，李世民都会尽量采纳。

如果李世民当时因为魏征的冒犯而将魏征处死，那么，也许就不会有唐朝盛世的存在了。管理者如果不能和不同的人共事，不能容忍其他意见的存在，那么，这个企业也不会走得多长远。管理者要与不同的人共事，从不同的人身上学习不同的经验，将这些经验合理地运用到企业的管理中，帮助企业更好地发展。每个人的身上都有各自的优点，将优点发扬光大，让优点帮助企业成长，这才是管理者应该去做的事情。

和不同的人一起共事，可以学习到不同的经验。在企业中，管理者不仅自己需要和不同的人一起共事，还需要让公司里的员工与不同的人一起共事，在工作中学习到不同的经验，将自己的优势发挥出来，弥补自己的不足。这样做有利于提升企业的整体水平，可以帮助企业更好地发展下去。

人的行为风格可分为分析型、温和型、表现型和推动型 4 种。每一种类型都有各自的优势和不足，只有管理者将这些人合理地安排到一起，让他们更好地工作，优势的力量才会无穷大。

分析型的人是完美主义者。这种性格的人往往会事事力求正确，擅长建立长期的流程。但他们的完美主义也存在不足，比如做事讲究繁文缛节，固守陈规。这类人往往不能果断地做出决策，他们会搜集很多的信息，然后权衡。他们对于决策非常苦恼，更喜欢独立行事，不愿意与别人合作。这类人虽然有些孤傲，但是非常的忠诚。

温和型的人非常适合团队工作。这种人喜欢与别人一起共事，尤其是小团体的合作。这种人不喜欢权势，善于鼓励他人开拓思路，善于发现细小的事情。温和型的人总是默默地耕耘贡献，喜欢帮助别人，但也可能因此忘记自己的工作。温和型的人一旦有明确的目标就会坚定不移地走下去。

表现型的人爱出风头，爱炫耀。这种风格的人是天生的焦点。他们活力十足，总喜欢忙个不停。表现型的人也有缺点，容易冲动，常常会给自己或别人带来麻烦。他们不喜欢计划，喜欢随机做事，并且不善于管理时间，不注重细节，但是有大局意识。

推动型的人最务实，更注重结果。这种风格的人喜欢订立目标，然后付诸实践。他们非常独立，自己定的目标不喜欢别人插手，也非常善于决断。推动型的人懂得随机应变，但也会因为太好动或者行动迅速而引发一些新的问题。推动型的人非常直率。

虽然每个人都有主导的风格，但都会有一些其他风格的因素存在。管理者想要更好地发展企业，就需要将这四种类型的人的优势结合到一起，发挥最大的功效。跟不同风格的人共事虽然会产生一些不同的意见，但是各自互补，弥补不足，配合得当，合作的力量自然就会强而有力。

加深与经销商之间的关系

企业想要更加长远地发展下去，想要做大做强，在经营中，就一定要有经销商的参与。经销商是企业更好发展的关键。所以，企业应当给经销商提供更好的机会，加深彼此之间的关系，以便今后更好地发展。

企业生产出的产品，到了经销商那里，可能就不像企业自身了解得那样全面，经销商不能很好地向顾客说明产品的功效，就会流失大量的客户，最终，产品可能无法销售出去。所以，管理者一定要注意对经销商的培训，给经销商提供机会，深化彼此之间的关系，让企业和经销商实现双赢。

飞利浦的成功就在于对经销商不断地提供培训。已经发展100多年的飞利浦照明，不仅是飞利浦的支柱产业之一，还已经在世界市场上取得了领导的地位。为了进一步扩大市场，更好地发展业务，飞利浦公司决定进行培训，不仅是培训自己的员工，还要对经销商进行培训。飞利浦连续几年在全国各地对经销商进行培训，都取得了很好的效果。

飞利浦对于培训的观点是：飞利浦想要更大的市场份额，不断扩大销售业绩，而销售专业化、产品专业化、服务专业化已经是市场发展的潮流。所以，为了更好地发展，飞利浦决定对经销商进行培训，来争取市场的主动权。

飞利浦工程专业照明部在中国共有7个销售区域，针对每个地区不同的经济水平、城市的发展情况和使用产品的习惯以及消费能力的不同，飞利浦制订出有针对性的培训计划，其中，特别注意对经销商的要求。每年飞利浦都会对经销商进行调研，了解他们的需求，针对不同的经销商，飞利浦还会制定不同的培训技巧。

比如产品批发类的经销商，会安排产品销售的技巧、产品的相关知识和经销商管理等方面的培训；对于工程照明的经销商，则会安排工程照明的设计和产品技术的运用等方面的培训。飞利浦在对经销商进行培训的同时，还鼓励经销商给飞利浦的培训提建议，帮助改善培训质量。

飞利浦对于经销商的培训主要分为两大块：一个是对于新产品的介绍和应用，另一个是培训销售的技巧。新产品的介绍和应用内容包括新产品的功能与特点，发展的趋势等，培训面向的人主要是经销商的业务骨干，当然，培训过程中还会涉及整个行业的发展趋势等。这样，才能保证经销商可以准确地向顾客介绍和推销飞利浦的产品。而这些培训的内容是由飞利浦的研发部门来进行的。

飞利浦培训的方式主要有三种，每年的培训有20场左右。培训的第一种方式是报告。飞利浦每年会组织各地的经销商到某个地方进行集中的培训，这些培训主要是学习，由专家进行产品的讲解。第二种方式是区域经理的现场报告。飞利浦对每一个区域的经理都有非常严格的规定，要求他们每年要有计划地进行现场演讲。区域经理经常出差，只要经销商有演讲这方面的需求，他们就会到现场去进行培训。第三种方式是飞利浦发放给经销商一些培训的教材，比如光盘、资料等，让经销商进行自助学习。

通过对经销商的不断培训，飞利浦的销售额不断上升。也正是因为不断地对经销商进行培训，飞利浦才会有今天这样的成绩。因此，企业应该多向经销商提供培训和深造的机会，这样，不仅可以保证产品服务质量的提高，更好地销售产品，还可以拉近企业与经销商之间的距离，使二者均能获利。

无论企业采取哪种方式给经销商提供培训，都要注意，对经销商培训的内容贵精不贵多，即使再多次数的培训，经销商不能很好地掌握，也是枉然。而且，企业的培训人员一定要耐心、友善，不能因为经销商提的一些问题就显得不耐烦，要热情积极地回答经销商的问题。企业还要尽量和经销商保持沟通联系，让经销商感受到企业的关注和重视。只有企业和经销商紧密地联系在一起，才能给企业和经销商带来更多的利益。

第十一章　竞争管理

——优胜劣汰的规律

如果每个市场都是一个压力锅，那么竞争就是其中不断上升的气压，适当的气压会熬出一锅美味，压力过大则会导致美味变成稀巴烂。所以，正如压力锅中的气压，市场中的竞争也必须合理适当，这样才能让企业健康成长。

找准自身在市场中的定位

企业在行业内竞争，最主要的是做好自己，找准自己的定位，如果盲目地进行攀比，瘦子想一口吃成个胖子，只会令公司内部疲软，给市场带来紊乱的状况。比如，一个实力较弱的公司，一心想要开发出和久经沙场的公司媲美的商品，进行不对等的对比和竞争，自己非但不能提高，反而会令已有的基础崩塌。

如果每家公司都致力于开发出令消费者满意的、填补了日常需要的商品，那么商场就不会出现那么多无谓的“残杀”，或是对排名的竞争了。

每个行业中都有一定的价值规则，而制定规则的往往都是垄断性质的大企业，小企业只好在后面跟风或是捕食剩下的残渣。例如在方便面领域，市场占有率最高的莫过于康师傅，然而随着统一老坛酸菜面的流行，他们的市场地位相应地受到了影响，价格也不得不随之调整。所以，企业处在龙头老大的位置上，才有可能掌控住整个行业的方向，制定出符合自身要求的标准。

如果企业不幸跻身于第二位的位置，做好休养生息的准备则再好不过了。这时候企业要看准时机，借准东风，以期成为行业中的佼佼者。

如果再往下数，企业既不是制定标准的龙头老大，亦不是虎视眈眈的老二，那么可以选择和排行第一的实力雄厚的公司组成联盟，在壮大自己实力的同时，结交比自己更弱小的公司，通过互相扶持，整个市场就不再是一潭死水般的状况，企业就有了发展的余地。

弱势公司本不弱势，联合起来一样是强大的集体，如同深海中的小鱼小虾，它们联合起来照样可以在鲨鱼来临时保存生机。所以，第四位公司可以联合弱小的公司，要知道自己在市场中的位置虽低，但也同样担负着维持市场体系的重任，并非没有一点儿效用。

第四位之下的公司，要按部就班地上班下班，短时间内养精蓄锐，不用和第一位的行业老大较劲，而是在他们的荫蔽之下谋求发展。

伦敦商学院教授戴维·斯托特说："我为什么要做第一名？那只是一个结果，一个统计的结果。对一个企业来说，要想持续发展下去，关键在于保持持续的核心竞争力。如果把竞争对手比作是'狼'，你就得'与狼共舞'，最好的办法就是把自己也变成'狼'，然后变成比'狼'更'狡猾'的'狐狸'。对于个人来讲，要想知道该向哪里进攻、据守、撤退及何时撤退，这就要求他了解竞争对手远胜于了解自己。"

学会发挥竞争的优点

如何更好地激励员工，让员工更努力地工作，并且享受工作的过程，始终是困扰管理者的问题。说到激励，大多数管理者首先想到的，应该是发奖金、评优秀，这些确实是激励员工的一个好办法，但这些只能作为一种激励员工的结果，不能当作过程。精神上的激励才更有效果。

在企业中引入竞争的机制，往往能够更加有效地调动员工的工作激情。每个人的内心深处都有一种求胜欲存在，而竞争更可以督促员工进步，激发员工的工作动力，甚至为了不至于排名最后，员工还会努力让自己变得更加优秀。

有一次，本田公司的管理人员对欧美的企业进行实地考察。考察发现：欧美企业的员工基本上由三类人组成：一类是必不可少的干才，约占20%；第二类是勤劳的人才，大约占60%；第三类是游手好闲、拖后腿的人，约占20%。他们联想到自己的公司，或许缺乏进取心和敬业精神的员工还要多得多。

回到日本后，管理人员决定对人事进行改革，并且首先从销售部入手。销售经理的理念与公司精神相差太远，并且他的陈旧思想已经严重影响到他的下属员工。经过严密的计划，本田公司决定把松和公司的销售部副经理，年仅35岁的武太郎挖过来，试图打破销售部沉闷的氛围。

武太郎在接任本田公司的销售经理后，凭着过人的学识、顽强的毅力和对工作的热情，对销售部进行了彻彻底底的改革。员工的工作热情被最大限度地调动起来，活力尤为增强。公司的销售问题也出现了转机，销售额不断上升，企业知名度也在逐步提高。

自此以后，本田公司每年都会从公司外部“聘用”一些精干的、思维敏捷的并且在30岁左右的年轻的生力军。这样一来，公司上上下下都精神抖擞，整体业绩也蒸蒸日上。

对于一个企业，或者一个部门乃至一个团队来说，长期固定不变的工作人员，必然会使新鲜感缺乏，尤其是竞争力缺乏，员工容易养成惰性，工作效率低下。只有引入竞争，营造出一种压力的氛围，让员工感受到无形的压力，才能更好地激发员工的进取心，公司才可以更好地运营，部门才会更加有活力，团队合作才会更加成功。

本田公司的做法，则是借用了我们常说的“鲶鱼效应”的原理。当一个部门或团队达到比较稳定的一种状态的时候，往往显示出员工工作积极性的降低，员工的“一团和气”，则是改进和提高的阻碍物。

当员工“一团和气”的时候，“鲶鱼效应”就会成为一剂良药。在一个团队里，加入了“鲶鱼式”的人物，必然会让员工队伍更有活力。因为在每个人的心里，都存在一种争强好胜的心理——谁也不愿意成为最后一名，内心深处的求胜欲可以更好地激发出员工的活力。在工作中引入竞争机制，员工为了避免最后一名的尴尬甚至被淘汰出局，心中的求胜欲便会发挥作用，所有员工都会使尽浑身解数，努力让自己的工作业绩提高。

当然，一提起竞争，总会让人感觉到害怕。毕竟，竞争属于一种负向的激励，运用不当的话，就会产生一些负面的效应。比如一些弱势的人往往不能承受竞争所带来的改变。不过，幸运的是，这种消极作用是可以清除的，也可以让弱势的人在竞争中感受到成功的喜悦。

每个人都有他自己的优势与长处，比如某个员工的工作业绩并不理想，甚至总是排在后几名，但是他非常敬业，总会把工作的地方打扫得非常干净，那么管理者就可以组织一个关于“劳动积极分子”的评选活动，让他感受成功，体会竞争所带来的快乐。

我们每个人身上都有着巨大的潜能，这些潜能一旦被激发出来，我们能做得比我们想象的还要多。被喻为“控制论之父”的维纳认为：每一个人，即便是拥有辉煌成就的人，在他一生中所利用大脑的潜能也达不到百亿分之一。

虽然人们可以通过自我激励的方式来开发潜能，但是，更可靠、更适用的方法是通过外因来激发并释放出潜能。自我激励需要一个人的意志足够坚强，而外因的激发则是人类的一种本能反应——求胜欲在起作用。

老鹰是所有鸟类中最强壮的种群。研究显示，老鹰的强大可能与它的喂食方式有关。老鹰一次可以生下四五只小鹰，由于老鹰的巢穴很高，不方便捕食，所以老鹰每次猎捕带回来的食物只够喂饱一只小鹰，然而老鹰的喂食方式并不是按照平等的原则进行，而是看哪一只小鹰抢得凶就给谁吃，在此情况下，瘦弱的小鹰因为吃不到食物最后都死了，最凶狠的小鹰最后存活下来。老鹰的这种喂食方式代代相传，所以老鹰一族才会愈来愈强壮。

在生活中，大多数人都是懒惰的，所有人都尽可能地逃避竞争；大部分立场不坚定的人还容易受他人影响，宁愿自己被别人来领导和指挥，也不愿去竞争。即便有人有宏伟的目标，也缺乏执行力以及拼一把的勇气。惰性的养成说明这个人的求稳的思想非常强了，外界的刺激或许会让他变得更有进取心。

这就需要在团队中安插“鲶鱼式”的人物。但是，也要避免因为引入了外部人才，导致内部的员工失去了晋升的机会，或者消磨掉员工的锐气，让员工更加不愿意工作，对工作失去兴趣。因此，想要更好地发挥“鲶鱼效应”

的作用，管理者首先要确定员工是否都是安分守己、不思进取的人，是否真的有必要出此“下策”。如果你的部门里，已经有了一个或几个进取心强的员工，又何必要坚持引入一条“鲶鱼”而多此一举呢？

把竞争对手当作老师

在商战中，将对手当作敌人出于天然的利益排斥，但这样做却隔绝了观察对方的通道，从而损失掉一个学习的机会。如果将对手当作学习的对象，则会让自己不断地从对方那里汲取经验。哈佛商学院教授罗莎贝斯·莫斯·坎特也曾说过：“把你的竞争对手当作老师，而非敌人，将会更有益。”

在投标竞争中，企业往往都要运用心理战术，了解对方的下一步策略，永远比对方想得多一步或更远一些，这是脱颖而出的关键。在日本投标界，有一个事例被坊间广泛地流传，被当作完成商场守则的典范，那就是三井集团和三菱集团争夺三池煤矿收购权的事件。

这两家公司在业界都具有很高的声誉，实力不分伯仲，常常在各类投标场合相遇，这回又一次撞上了，可谓冤家路窄。这次的投标对象三池煤矿据新闻报道称，每年的纯利润在10亿元之上，谁若得到它的收购权，就等于守住了金山银山。所以，两家公司都各谋其略，为投标价格而处心积虑地谋划着。

三井公司的总社长益田孝是位精明能干的人，他根据三池煤矿的价值推测出，对手三菱集团很可能会选择投入400万日元，而他如果想要胜出，必须比对方付出的价格更高，于是，他将价格定在了455万日元。在益田孝不断反复考虑验证的同时，三菱公司也同样在思量胜出的计谋，他们推断出了三井公司将投入455万日元，在此基础上，追加了2500元，总共投入455.25万日元。在投标竞赛中，两家公司不仅想着要如何拿到收购权，还必须尽力以最低的价格收购，以免损失巨大，所以这两家公司都在分毫之中计较不已。

在投标结果公布的那日，却是由一个无名投标人以高价得到了三池的收购权，总共花费455.5万日元。接下来还有455.27万，427.5万日元的高价无人认领。那第二高价455.27万是由三菱公司的人冒名顶替的，他们猜测到三井公司肯定也会预测到自己出的455.25万日元的价格，于是再追加了200日元，打算以少胜多。

但是，令他们始料未及的是，第一高价和第三高价都是益田孝的杰作，他也预测到三菱公司会想到自己出455万日元，于是临时追了5000日元。为了以防万一，确保能够以最低价格收获煤矿，他以三井公司的真实身份投入了410万日元，如果三菱公司投入的资金比410万日元少，那么自己就可以坐享渔翁之利，如果高过410万，还有455.5万日元的高价保驾护航。

最终，在这场投标中，三井公司中标，三菱公司名落孙山。这再次体现出了解对手的重要性以及深谋远虑的正确性。

寻找适合自己的拍档

古代成语中的“无的放矢”，指的是没有目标便胡乱放箭，只是为了放箭而放箭，徒劳无功白费气力。在市场竞争当中，许多公司也将“树敌”当成保护自身利益的盾牌，同行业几乎很少看到彼此和谐相处的公司。然而，在广袤的草原中，除了必要的生存掠夺之外，还有互帮互助和谐共生的景象。例如，蜜獾与示蜜鸟，两者相互为对方提供帮助，示蜜鸟无条件地为蜜獾做“探蜜者”打探蜂巢所在地，蜜獾则为示蜜鸟留下它所需的空蜂巢，从而达到合作共赢的目的。

在人类残酷的市场竞争中，相互“残杀”的状态虽然不在少数，“蜜獾与示蜜鸟”的事例也常常发生。

现在的家庭主妇们，在电器超市买小天鹅洗衣机时，会发现比以往多了一个礼包，其中包括了一袋碧浪洗衣粉。细心的消费者还会在碧浪洗衣粉的包装袋上看到印有小天鹅洗衣机的商品标识，这两样产品如何达到互利共处的呢？

小天鹅洗衣机和碧浪洗衣粉，分别由小天鹅公司和宝洁公司生产发售，两家企业都在市场中占据了一定的位置。它们合作的契机在于，在城市中生活的主妇们，几乎无人不使用洗衣机来清洗衣物，洗衣机和洗衣粉成为每个家庭日用品中的“好拍档”，而两家公司正是从客户的角度出发，选择了强强联手。毕竟，在生活中，洗衣粉跟洗衣机已经难以分割，像鱼儿离开水源就不能呼吸，蜜獾没有示蜜鸟就难以采集蜂蜜一般。

于是，我们可以看到小天鹅洗衣机中放置着一袋碧浪洗衣粉，由宝洁公司免费提供，这在一方面促进了洗衣机的销售量，另一方面提升了洗衣粉的知名度。小天鹅还在宣传册首页添加碧浪洗衣粉的介绍，并且还用令人注目的大字写到：“小天鹅全心全意推荐碧浪。”碧浪洗衣粉也为宣传小天鹅洗衣机不遗余力，在使用介绍中加入小天鹅洗衣机的图片之外，还在宣传栏中推介小天鹅。这样的做法让人们对这两家企业印象更加深刻，当然这是两家企业找到利益切合点的结果。在残酷的动物世界中，再凶悍的野兽都不能永远单打独斗，适时学会相互合作，才是长远发展之计。同样地，在市场竞争中，为了长久的生存考虑，企业间的联手是不可阻挡的趋势。

盲目树敌只会让公司的资源浪费和分散，主要的目标也会变得模糊暧昧，像顺驰集团创始人孙宏斌所言：“在区域市场研究对手做什么，好制定战略。盲目树敌会让员工很茫然，不知所措。”所以，面对竞争对手不可以无的放矢，而在选择拍档时，则要擦亮双眼，找到利益切合点，从而相互得利。

第十二章　危机管理

——悬崖尽头或许是草原

企业经营难免遇到危机，如何将危机变为转机是经营者一直在思考的问题。每一次的危机都是一种考验，危机过后总结经验，避免再犯同样的错误，也是经营者需要学习的。面对危机，不能慌了阵脚，而要临危不惧，直面危机。机会总是青睐有准备的人，只要有应对危机的泰然自若、随机应变的能力，那么，成功就在不远处。通常，危机对企业发展也具有一定的推动作用。

居安思危，有备无患

人们做任何事都需要有计划，或者说要有忧患意识，只有这样才能尽可能地规避风险。经营公司也是一个道理，只有将眼光放得长远，才能尽可能地远离风险。

1935 年，第一代晶体管收音机在日本索尼公司试制成功。虽然这种收音机体积很小，但和原来通用的真空管收音机相比，已经大大提高了性能，是一款既方便又实用的收音机。日本并不是一个资源大国，市场容量也不是很大，产品想要有所发展只能靠出口。盛田昭夫是公司的创始人，他将美国作为产品的出口国。经历一番艰难的推销工作之后，索尼在美国的订单越来越多了。

最让人吃惊的是，有一天出现了一位大客商，他一次就订了 10 万台晶体管收音机，这对刚刚起步的索尼公司来说可谓是一个扩大发展的好机会。10 万台，这可算是一个天文数字了，倘若能签下这样的大单子，带来的利润将是很可观的。一听到这个消息，公司的员工都欢呼雀跃，希望能给这位客商多些优惠以便尽快签下合同。

就在这时候，公司总部宣布了一条奇异的价格“曲线”：订货 5000 台，价格保持不变；订货 1 万台，价格降到最低；而订货超出 1 万台，价格逐步抬高，订货 10 万台就按照让他破产的价格来拟订合同。这个消息一公布，立即引来了公司员工的热议，这种价格“曲线”不但不利于公司目前的发展，还在一定程度上拒绝了大客商，这对公司来说是一种损失。

这种价格“曲线”让公司职员及客商都感到困惑。按照常规，订货数量和价格应该成反比，订货数量越多，价格越低。

这其中的原因究竟是什么呢？

后来盛田昭夫终于将他的囊中之计透露给了他的员工们。就当时索尼公司的发展形势来看，公司的年产量较订货的10万台数量相差甚远。想要接受这批订货，就必须成倍地扩大公司的生产规模。公司为了扩大生产而去筹款，倘若以后再没有出现像这样的大订单，那么刚刚起步的索尼公司没有其他的路可走，只能面临破产。

订货的数量和单价成反比，这应当算是一个比较成熟、完善的方案。对于刚刚起步的索尼公司而言，签下这笔订单完全可以使索尼公司在短时间内飞速发展，这无疑是一个绝妙的大好时机。而另一方面，对公司的发展前景来看，为扩大生产而盲目筹款导致的生产不稳定、发展不平衡很有可能使公司面临一场生产危机，这也为公司的发展埋下了无法挽回的隐患。而公司临时制定的这种奇特的方案，给生产和订货双方都带来利益，以1万台左右的订货量为单位生产，也规避了公司发展中存在的风险。

如此看来，想要把公司逐步发展起来，必须有忧患意识和长远的眼光。反之则很有可能因为只顾眼前利益，导致公司面临破产的危险。

每一个成功的企业家，心中始终都存在一种潜藏的忧患，这也是他们在竞争激烈的市场中能不被眼前利益所迷惑，并走在其他企业前面的原因。

每次摔倒都要重新站起来

人们做任何事都不能轻视细节，细节决定成败，看出细节的纰漏是预防企业经营危机的决定性因素。出现过失并不可怕，可怕的是没有一个良好的心态面对过失。心态和细节同等重要，只有放稳心态、注重细节才能为企业降低损失。

在黄河沿岸有一片村庄，为了避免水患给人们带来灾害，人们在黄河岸边筑造了一道长堤。有一天，一个老农偶然发现了一个蚂蚁窝，想到有可能影响长堤的安全，心里一下子担忧起来。于是他打算回村去报告，在路上正巧遇见了他的儿子。此时儿子却觉得父亲是杞人忧天了，他对父亲说："这么小的几只蚂蚁还能威胁到牢固的长堤吗?"于是拉着父亲就下田了。当天夜里雷电轰鸣，下起了瓢泼大雨，河水顺着蚂蚁窝很快蔓延开来，最后冲决了长堤，冲没了一大片村庄和田野，给人们带来了巨大的灾难。

这就是"千里之堤，溃于蚁穴"的故事。其实企业经营当中也时时刻刻存在着小问题，而这些被忽略掉的小问题很有可能就会成为葬送企业的"蚁穴"。

有多少风云人物凭借自己的经营能力先富起来，又有多少企业光耀一时，却仅因为一个细节、一个方案或者一个决定的失误，最终导致了失败。像这样的例子有很多，譬如三株、爱多、秦池、太阳神，等等。

这些企业按发展速度和规模来说个个都算得上是大型企业，最后却都接连溃败，可谓一失足成千古恨！说说三株吧，它曾一连三年提高了64倍的销售额，创造了80亿元的销售奇迹，如此傲人的成绩造就了最为强大的保健品公司，它所建设的销售网络遍及全国各地。三株总裁吴炳新为此自豪地称三株网络为继邮政网络之后的第二大网络。谁料一篇题为"八瓶三株口服液喝死一名老汉"的新闻报道让三株企业摔了重重的一跤，不可多得的企业管理者吴炳新为此生了一场大病，医院下达了病危通知，商界为此感到非常惋惜。

三株的溃败，追根到底并不是单方面的，各界评论众说纷纭。三株曾立下要将人类的平均寿命延长10年的誓言，而自己的寿命却终究也不够10年，一次垮台使其经济损失高达40亿元。

1997年，经历了此次重大损失的吴炳新在三株的年终大会上总结了企业经营中出现的15个误区：

第一，市场管理体制出现了很大的问题，集权和分权之间没有处理好关系；

第二，经营体制没有梳理完善；

第三，企业病太严重，机构庞大，部门众多，程序错综复杂，信息无法顺畅流通，反应不灵敏；

第四，市场管理的宏观剖析、计划、控制职能不能有效地得到施展，对市场形势的预测过于乐观；

第五，市场营销方针、营销手段与市场消费需求出现了严重的脱节；

第六，激励制度不完善，分配制度不协调；

第七，民主化、科学化的决策没有得到改善；

第八，部分干部的骄傲自满以及自暴自弃堕落的心态导致工作上不能达到要求；

第九，浪费资金问题是经济损失的一个重要因素，有的子公司广告费就浪费了70%，还有的子公司一年电话费和招待费加起来将近90万元；

第十，团体主义泛滥，自由主义过分严重；

第十一，纪律不严谨，对干部的管理处罚条例较少；

第十二，后备力量不充足，新产品无法及时跟进；

第十三，财务管理难以控制；

第十四，企业的发展与组织人事工作之间出现不平衡；

第十五，法纪制约监督的手段和措施力度不足。

不难发现，三株的溃败并非毁于致命报道，而是三株企业内部的管理和政策出现了问题。倘若三株只因曝光的新闻报道而崩塌，事后还可以找出解决问题的措施加以挽回。

由此可以看出管理者在经营公司的同时要以长远的眼光考虑得失，只有这样才能防患于未然。

培养镇定从容的心态

对于决策者而言，做出选择是平常事，但做出正确的选择才是决定大方向的关键，在紧要关头，面临重大的抉择时，一定要放稳心态，切莫乱了阵脚。

保持冷静也是心理素质的一个重要体现。

当年孔子周游列国，一次游历宋国，正在给众弟子讲课的时候却被宋国的司马桓魋盯上，他想要谋害孔子，于是孔子决定带弟子们离开这里。这时有弟子惊慌失措地说："必须赶紧走!"孔子却淡然一笑说："天生德于予，桓魋其如予何。"

镇定是一种特殊的气质，是一个人的内在修养和心理素质的重要体现，有无这种气质也是决定一个人能否成功的关键。

在赤壁之战前，曹操破荆州，下江陵，顺流向东，吴国面临着巨大的危机。孙权与臣下商量对策，张昭一派占了上风，建议孙权投降，坐在一旁的鲁肃却不出声。待孙权如厕，鲁肃才紧追出来，向孙权分析投降的后果将不堪设想，甚至连安身之地都可能不保。孙权听后这才下定决心奋勇备战，对抗曹操。正是因为鲁肃处事的冷静和适时大胆的行动才有了后来著名的赤壁之战。

事实证明，在面临重大变故时，领导者宠辱不惊、心无旁骛的镇定心态在对局势的预估以及决断、安抚民心、解决实际问题等方面起着至关重要的作用。

在史书上有这样的一个记载，谢安为了想让自己具备镇静的心态故意锻炼自己。在一次和朋友乘船之时忽然狂风四起，小船在翻涌的波浪中来回摇摆，众人都吓得大惊失色，要求船夫靠岸，而谢安却淡定自若地唱着歌，船夫没有靠岸，风浪越来越大，没人敢坐下来，这个时候谢安才镇定地说："既然如此，那就先靠岸吧!"谢安正是有了深厚的自身修养，面对风浪之时才能从容不迫。

保持镇定的心态可以使人临危不惧，在危难之时及时做出正确的反应。因此具备良好的心态使一个人在紧张状态下能够做出高效判断，只有怀着一颗镇静之心的人才能时刻散发出异于常人的智慧力量。反之心浮气躁的人在面临决断时犹犹豫豫、手忙脚乱，一定会因此误事。作为管理者，在面临挫折之时，不能自怨自艾、唉声叹气，而要用清晰的头脑理智地思考问题，找出解问题决的最佳办法。

在面临重大事件时能保持镇静的心态来面对问题是决策者最应具备的心理素质和修养。尤其在遇到不如意的事情时更要沉稳面对。苏东坡曾说“泰山崩于前而色不变，麋鹿兴于左而目不瞬”，就是说即使泰山在眼前崩塌也面不改色，麋鹿在旁边跳动也不去看它一眼。只有保持平稳的心态，人们遇事才能理智处理，不至于越理越乱。古人曾说过一句话：“恃勇者乱，乱必亡；恃才者凌，凌必伤；恃壮者纵，纵必夭；恃势者骄，骄必戕。”意思就是说，觉得自己勇敢的人必定鲁莽狂妄，最后在乱世中死亡；觉得自己才华横溢的人必定心高气傲蔑视一切，最后身心俱损；觉得自己强壮的人势必会飞扬跋扈，最终难以长久，自待有势力的人一定会骄横跋扈，丧身刀枪。

科学家曾做过这样的研究，人在动怒的激动情绪下智商会明显降低。之所以一些人在情绪激动之时头脑一热就做出错误的决定，就是由于没有保持冷静的心态。我们都知道小不忍则乱大谋，但若某天真放到自己身上，能控制好情绪，平心静气地去处理的又有几个呢！在任何情况面前都能安抚情绪，以平和的心态对待生活和工作中遇到的棘手问题以求得到最好的结果，这样才是智者的选择。

平和沉稳是一个决策者应当具备的素质。人只有在冷静的情况下才能理智并且比较完善地思考问题，也只有这样才能正常地分析事物发展的始末，尽可能地避免受感性心理的影响，使决断变得偏激。作为一个决策者，必须时刻提醒自己要保持思路清晰、沉着冷静，不牵绊于眼前利益，只有镇定不移才能有能力带领更多的追随者前行。发挥自己的本领，积极理智地应对遇到的各种困难，只有这样的人才能成为企业的标杆，同时这也是决策者个人魅力的展现。

处事镇定体现在很多方面，尤其是在遇到突如其来的事件时要用一颗平常心去对待。倘若面临大的投资风险，内心强大的管理者可以做到宠辱不惊，从容淡然，可以调整好心态并安抚众人，客观分析并理智地解决问题，带领员工走出企业发展的瓶颈期。

善于把握危机

在企业里，没有竞争，就没有发展。在一个有活力的企业中，处处都会有竞争。竞争力不但可以让管理者对员工有一个客观地了解，还可以帮助员工进行定位，让员工在企业中充分发挥才能。同样地，竞争力还决定着企业的命运，能够更好地激发员工的竞争力，让员工更好地工作，这也是企业管理的关键之处。一家成功的公司，会给员工一种危机感，让员工感受到压力，激发员工的竞争力，让员工更有动力地工作。

残酷的竞争机制，可以加强员工的危机感，同时，又可以刺激员工之间相互竞争，得到想要的东西。只有在不断的竞争中，才能激发出员工的潜能。一些员工安于现状，只会做数据表格，混日子，不去积极地解决问题。这个时候，管理者就要用绩效考核来激发员工向上的动力，让员工明白，一个人不会在这个岗位上永久地待下去，只有不断地进取，才能免遭淘汰。

日本的公司在危机感的灌输方面是非常强大的。因为日本人每天都活在危机感中，感觉随时都会失业，所以他们每天都非常努力地工作，害怕因为一件事做得不完美而被开除。在日本，失业的人是很难再找到一份新工作的，只要失业了，想找到新的工作，就要花费很长的时间。

日本的松下公司，他们在每个季度都会召开一次讨论会，以便所有的部门经理能够很好地了解公司的运营状况。在开会之前，公司的负责人会将各个部门完成的任务，从高到低划为 4 个等级。在讨论会上，业绩好的第一等级的部门会有优先报告的权力，以此类推。这样的等级划分在无形中形成了竞争的心理。于是，每个部门都不愿落后，为了能获得优先报告的机会，便会努力工作，因此松下公司的业绩突飞猛进。

企业想要获得更好的效益，就需要鼓励竞争，没有竞争，就不会有任何的发展。所以，管理者一定要在企业中制定出竞争的机制，要让员工看到，不断竞争带来的优势。这样，既可以激发员工工作的动力，还可以让员工为公司更好地取得效益，帮助企业更好地运营。竞争的心理任何人都有，管理者要充分地利用这种心理，让员工不断地发挥自己的潜能，这有利于员工的自我完善，也有利于提高企业的整体水平。

20 世纪 60 年代末，加农进军计算器市场。它研制的键盘式计算器十分成功。可惜好景不长，加农在与卡西欧的竞争中连连失利，甚至快要到了倒闭的边缘。

面对当时的局势，董事会中有人提出：让全体职工都知道企业现在的危机，让他们了解企业危险的境地，让他们有危机感。加农决定尝试一下，让公司的全体员工都知道企业的危机，随后所有的员工顿时紧张起来了。小组活动的能力加强了，新的建议和方案也是层出不穷，大家都想着要挽救加农。管理者将员工的建议和方案总结归纳起来，充分地调动员工的积极性与创造性，最终，加农顺利地度过了危机，还走向了世界。

培养员工的危机意识，是现代企业中所有管理者的一项重要的任务。企业员工虽然不能做到最好，但是，他们一定要有动力，能很努力地朝着很好的方向前进，而不是在企业中懈怠、混日子。员工只有有了危机意识，才会更加努力工作，充分地发挥自己才能，帮助企业更好地发展。管理者还要让员工有这种意识：如果今天不努力工作，明天就要努力地找工作，而且很有可能会找不到工作。让员工在工作中充满危机感，让压力转化为动力，能够促使员工积极主动地工作，发挥自己的才能，提高自己的工作效率。另一方面，管理者还要将员工的前途与企业的前途结合在一起，利益捆绑，共同进退，建立起牢固的团队协作精神。

国内一些优秀的企业家，同样重视危机意识。阿里巴巴的马云说：“我总是让员工和自己充满危机感，如果不想死于安乐，就要一直让自己处在冬天。”这也是阿里巴巴如此迅速成长的原因。管理者可以采取一些途径让员工有危机意识，比如让员工知道工作和生活中都有危机，一定要学会转危为安；还要让员工辩证地看待危机，适时地将危机带来的压力转为动力，让员工知道学习才是解决危机的最好办法；最后，使员工在危机处理中不断总结经验，提高员工的综合素质，培养他们的敬业精神。

管理者要通过对员工进行危机意识的灌输和危机处理的培训，强化员工的素养，让员工能够在危机中更好地竞争，发挥自己的才能，为企业的发展做出贡献。只有这样，才能让企业受益，并且能够更好地达到绩效目标，实现企业的长久发展。

不逃避，勇于担当责任

社会中存在着激烈的竞争，企业在发展中也难免会遇到危机，事实上遇到危机并不可怕，可怕的是不能直视危机并化解它。众所周知，福特汽车公司曾一度亏损了 15 亿美元，一下跌到了低谷，他的对手通用汽车公司也亏损过 7.625 亿美元。不仅仅是汽车行业，可口可乐也曾被污染危机缠绕，股票急剧下跌，营业额损失高达 6000 万美元。就连全球航空航天业的领袖企业波音公司也曾为获取资金上的周转，依靠生产家具和养奶牛维持发展。这些企业在发展当中都遇到过各种各样的危机，但最终它们都战胜了危机，因为它们敢于迎战，能够站在正确的角度去看待问题，因此才能使企业继续向前发展。

食品行业在经济发展中占有重要的地位，但对于企业来说，食品安全常常会成为他们的致命伤。美国食品行业的领军企业亨氏食品公司就遭受过这样的商业危机，总经理亨利·霍金士在一次食品安全监测数据中发现，用来保鲜的食品添加剂如果长期食用会对人的身体产生一定的危害。

这种安全隐患对亨氏公司来说无疑是一场危机，倘若不及时解决，恐怕会使亨氏永无翻身之地。于是亨利·霍金士很快将管理者召集到一起商讨解决的办法：一方面，如果悄悄删掉这种添加剂，那么食品的新鲜度自然会降低，同时也影响了食品的保质期；另一方面倘若将添加剂有毒这件事公布出来，势必会掀起一场轩然大波，公司无法承受这种社会压力。公司发展到如今的水平实属不易，遇到这样的危机不得不让人谨慎处理。反过来讲，这次事件如果不公开，事后被发现就真的一发不可收拾了，到时候就不仅仅是食品安全的问题，接踵而来的是更棘手的信任危机，一旦发展到这一步，公司将没有未来。这让亨利·霍金士很头疼，但他经过冷静思考并在各个方面的权衡之下，最终决定将这件事公之于众，因为只有这样才能将公司的风险和损失降到最低，他向顾客承诺以后将不会再使用这种有毒的添加剂。

事情公布之后公司面临的是同行企业的指责和各种排挤，它们且用各种手段打击亨氏。同行的压力对亨氏来说同样难以应付，在这样的舆论攻击下，亨氏被推上了风口浪尖，差一点就面临破产。

最让人佩服的是，亨氏公司在面对这种食品企业很难避免的危机时，能够拿出对顾客负责的态度，这才是最难能可贵的。亨氏的做法得到了政府和民众的肯定和赞扬，同时亨氏的信誉度也大大提高了，民众将亨氏的产品视为安全放心的产品。亨氏公司能坦然面对危机，不抱侥幸心理，尊重顾客的权益，也尊重产业发展的竞争准则，很快便恢复了发展，也因为正确处理了这次危机反而使公司的规模扩大了两倍。

波音公司是航空航天业的领袖企业，也是世界上最大的飞机制造商，同样也经历过类似的问题。1988 年，波音公司生产的一架 737 飞机从旧金山起飞后在空中意外爆炸，万幸的是经过驾驶员的努力挽救，飞机最终安全降落，没有人员伤亡。虽然这起事件没有造成人员伤亡，但公众的批评依然指向了波音公司，这件事情引来了一场不易平息的口水战。

这起意外事件的发生给波音公司带来了巨大的影响，也引来对手的嘲笑和围观，认为这起事件对波音公司来说是致命一击。

此次危机并没有让波音公司输在心理战上，事后他们很快召开了新闻发布会，对此次事件的发生给媒体和民众一个合理的说法：谁都不希望发生空难，作为波音飞机的生产商更是如此，在此次事件中，飞机的零部件磨损严重，起落9万次的飞机几乎已到了寿命的极限，这架飞机使用的时间已有20余年，超过了自身的安全使用寿命。在发生爆炸之后，飞机依然能够保证无人员伤亡安全降落，这也足以说明飞机的质量有保证。事后波音公司还慰问了经历此次事件的乘客。

这次事件的发生没有让波音公司感到畏惧，而是敢于直面应对不回避，波音公司的这种处理方式得到了民众的信任和肯定。经历了此次事件之后，波音公司的订单大大增加了，仅仅当年5月份就接到了180架飞机的大订单，销售额高达170亿美元，这个数字同往年相比翻了一番。

面对危机，聪明的决策者敢于用正确的做法正面面对，具有强烈的责任心，对民众负责，也是对自己的产业负责。勇于承担责任的企业才能得到社会的信任和肯定，反之则会害人害己，最终将会走上衰败的不归路。

每个硬币都有两面

任何事情都有两面性，失败之中也可能潜藏着希望，这要看管理者能否从客观的角度看待危机。决策者通过对企业发展的分析和管理，运用有效的经营手段，使民众对公司有认同感，便能在危机到来之时顺利化解危机，并从中找到有利于公司开拓和发展的商机。

任何投资都有风险，但聪明的决策者总是能在解决危机的同时看到商机，这也是一些企业在经历危机后更上一层楼的原因。

随着时代的发展，各行各业在经营和管理中为了应对突发事件制定了很多的危机管理专业处理系统，这个系统能够将公司的损失降到最低。经历过的危机多了，企业总是想找到既高效又合理的解决危机的办法，这时候危机公关是一个关键环节，做好应对危机管理的准备更是重中之重。

企业的决策者一定要明白，无论遇到什么样的危机，最后的结果是公司最想要的，所以纵然解决问题的办法有千万种，无论按照什么样的套路，带给企业的应该是效益、利润和发展。但是也不能跳开企业的实际情况空谈危机管理、公关应对等，必须根据公司本身的发展，逐步实现科学完善的危机管理机制，危机管理和企业的全面战略就像孪生兄弟，二者是相互联系的。我们常说三角形具有稳定性，危机管理也是同样的道理，管理者要处理危机至少应做好三个层面的事情才能彻底化解危机。

在遇到危机时，面对危机和解析危机是最低的层次，也就是说在危机发生的同时要镇定理智，冷静分析危机的原因。之所以是最低级的层次是因为它实际上考验的是管理者应对危机的心理反应，这时应找出解决的措施，尽量降低甚至避免危机给公司带来的损失。

其次是化解危机，这是第二个层面。在危机发生之后能够迅速做出反应，在最短的时间内解决问题，这种情况下就需要管理者制定完善的监督和反馈机制。任何事情的成败都不是一朝一夕形成的，危机在产生之前也一定是由于公司经营管理的某个环节出现了失误才给未来的发展埋下了隐患，管理者只有及时发现危机，才能使公司不被拉入无底的深渊。

危机管理的最高层次是利用危机。就是说要善于利用外界环境的危机带来的机遇，找到适合公司新产品的推广方向，达到出奇制胜的效果。例如威露士以“家庭消毒专家”为标志在“非典”期间出现在人们的视野中，一箭双雕，这种大环境带来的商机使得它的销量和品牌美誉度都很可观，这也是威露士在企业竞争中站稳脚跟的原因之一。包括远程教育也利用了“非典”这个关键时期，推动了主流教育模式的发展。

由此可见，决策者不仅要战胜危机，还要顺势将危机转化为机遇，塑造更好的企业形象。

做好万无一失的准备

做任何事情在开始之前都应当做好一系列的准备工作，因为机会总是留给有准备的人。长江实业集团的创始人李嘉诚就是这样一个人，他始终坚持这个原则，才得以成为知名的实业家、慈善家。他曾说过一句话："天有不测风云，做生意就和出门差不多，虽然天气预报说天气好，但我时常会反问自己，如果突然宣布说台风很快就会到达这里，我该怎么样呢？所以说，要想在香港做生意，不做好这种心理准备是不行的。"

早在李嘉诚还不太了解房地产行业的时候，"卖楼花"在香港已经不是什么新鲜词儿，这是1954年卖楼花的首创人霍英东的销售妙招。卖楼花就是在商业楼尚未兴建或竣工之前就开始分楼层和单元的预售方法。随后，房地产商用买家的钱建楼，还可以将地皮拿到银行抵押贷款，也就是花明天的钱圆今天的梦。卖楼花的出现，使用户只需要交付部分首期就可以按揭贷款，银行将房子作为抵押，全款余下没有交付的部分则交给地产商，然后，用户需在若干年内按期返还本金和利息给银行。毋庸置疑，银行才是风险的主要承担者。霍英东的这种销售方式对房地产行业来说无疑是一种催化剂，不仅加速了楼宇的出售，也解决了资金不足的问题，因此地产商们纷纷效仿。

李嘉诚虽然花了很长一段时间进行分析，预测了房地产行业的前景，但他依然谨言慎行，不盲目入市，力求产业的稳步发展。那时候房地产并不是很热门，好多大商人都在航运、金融、能源、工业等领域发展，房地产虽不被大多数人看好，但算不上冷门。后来房地产在经济发展中逐渐占据了主导地位，地产商也为楼宇的销售开辟出了更多的销售渠道，卖楼花就是一个典型案例。

对于当时的房地产行业来说，卖楼花是一种很好的销售手段，在行业内也有不错的发展，虽然李嘉诚初入房地产行业，但在经营中也绝对不失冷静。首先他从物业开始着手，后来，他的这种经营方式发挥了显著作用。根据香港政府公布的数据来看，1959 年到 1980 年这 21 年间，香港政府拍卖市区土地的平均价格呈现出几十甚至几百倍的增长趋势。同样的土地面积逐层建造，利润就会翻倍。李嘉诚拥有大量的产业，成了香港房地产行业名副其实的大亨。

早在入行之前，李嘉诚就曾想过，地产的利润和银行是分不开的，二者是相互牵制，赢则共赢，一损俱损的关系。所以像房地产这样的产业，过多地依赖银行并不是什么好事。房地产行业风险与利润并存，一定要谨慎，保持稳步发展的态势。对此，李嘉诚提出了三点经营原则：

1. 资金不足，不卖楼花，不冒风险增加建房速度。资金再紧，宁可少建或不建，也不卖楼花以加快建房进度。

2. 尽量不向银行抵押贷款，或同银行一起向用户提供按揭。

3. 不牟取暴利，物业只租不售。

物业虽然不能像建楼和售楼那样可以获取高额利润，但既稳定又有增值空间，时间越久就越能体现出来。物业才是真正的摇钱树，这也是李嘉诚提出的不牟取暴利、不买断交易的原因。

一定有人认为李嘉诚的这种谨慎的举措过于保守。但 1961 年发生在廖创兴银行的挤提风潮验证了他的经营策略是对的。银行家廖宝珊当时大肆修建楼宇，他为了能发展地产业，用尽了所有的存款，这种为牟取暴利不顾风险的大量投资，最终引发了挤提风潮。这次危机把一个“地产之王”拉进了地狱，廖宝珊因此突发脑溢血不幸身亡。廖宝珊曾是李嘉诚敬仰和钦佩的行业标杆，这次风潮之后，李嘉诚更加认识到经营管理地产业不是一件容易的事，高风险、高回报，就像股市一样风云无常的地产行业，每天都会有新的变化，作为产业的领导者一定要认识到这个行业有可能带来的风险，同时也需要做好这样的心理准备。果不其然，后来银行的利益受损，牵连到房地产业，最终陷入了危机。李嘉诚早早认识到了这一点，及时采取了措施，才得以在危机中幸免。

1962 年，香港政府修改了决定在 4 年后付诸实施的建筑条例。当时地产商为了避免吃亏，抢先 4 年建房，由此引发了一股强烈的建房热潮。在此次热潮中，银行也投身其中推波助澜，这就使得房地产行业出现了一片空前繁荣的景象。

李嘉诚将利益的长短看得很明白，他会向着长远利益出发，不牵绊于眼前的小利润。地产行业时常血雨腥风，他始终保持镇定和谨慎的心态，他比任何人都清楚地产业竞争中的大起大落。为牟取暴利，迎来的却往往是危机。因此，他拒绝眼前诱惑，尽可能脱离银行贷款，靠自己的资金建造工业大楼，他还一心一意地在新老工业区购买有开发前景的地皮，建造厂房。由于李嘉诚的公司其他所属产业经营很好，地产业渐渐由投资期走向了收益期，李嘉诚旗下的地产呈现出良好的势头，而那些投机房地产的公司可就倒霉了。

就比如在1965年，本埠的明德银一号，由于大量投机房地产行业，流动资金基本耗尽，没有了偿还债务的能力而出现了严重的挤提，直至最终宣告破产。从这一事件的发生不难看出房地产市场的兴起使银行投身其中，出现了银行投机，最后引发了全香港的挤提风潮，对大部分的储户也产生了一定的心理影响。风潮的势头发展得很快，其中有些商业银行为此倒闭，有的陷入绝境，有的只能卖出股权才幸免于难。

在万分紧急的局势下，为了能控制住挤提风潮，香港政府采取了一系列的举措，但是银行的危机并未因此而结束。冰冻三尺，非一日之寒。这场风潮持续了一年之久，许多银行虽然没有倒闭，但为此硬撑着，可谓是付出了惨痛的代价。一荣俱荣，一损俱损，这也是银行业与房地产行业相互牵制、相互扶持的关系。银行业如今在风潮的影响之下变得不景气，繁荣的房地产业也骤然栽了跟头。楼价一跌再跌，来不及脱身的商家就只能掩埋在这场大风潮里。那些依靠银行支撑的地产商和建筑商同银行是拴在同一根绳上的蚂蚱，因此纷纷倒闭。而李嘉诚没有受到太大的影响，损失很小。这都是因为他有谨慎行事的心态和稳步发展的策略。李嘉诚避开了这次大危机，毅然挺立在地产业的前端。

对于管理者来说，经营没有固定的模式，管理没有绝对的法则，出现什么问题要敢于随机应变。没有人能够因为经历风波而幸免就成为权威，成为绝对的标准。世上没有绝对，最主要的是我们要从中汲取精华，李嘉诚的经营和应对方式确实值得学习。李嘉诚刚刚进入地产行业的时候，还没有太多的经验，也没有多少资金，因而他只能一步一个脚印，尽量保持利润可持续增长的战略，这也是李嘉诚长久以来一贯的作风。所以说，经营一个产业，在熟悉产业结构和自身实力的同时也要依照自己的个人风格来制定经商策略，不能盲目追随，最后受影响的是自己的利益。

商场如战场，管理者要利润也要发展，既然要做生意，风险是避免不了的。在商业场上，要时刻保持警惕，好些风险一旦发生就很难避免，所以谨慎些没有什么坏处。倘若预测到危机的来临，就要做好应对的准备，对可能出现的问题制定出各项应对措施，主动出击，这样在危机发生时才不会摔得那么重。李嘉诚是可以一心两用的人，这也是他不容易失败的原因。

拥有一双善于发现的眼睛

企业的管理者有没有较高的警觉性决策能力决定了他能否为企业创造持久的利润，因此，警觉性决策能力是一个优秀的管理者必须具备的。

一栋居民楼的窗户不知什么原因被打碎了，如果一直搁置不去修理，这就会成为一个信号，说明没人关心这个问题，过不了多久就会有更多的玻璃窗被打碎。这就是我们熟知的“破窗理论”。这个故事就告诉我们管理者具备的警觉能力对组织生存的重要性。

将这个故事与企业的组织发展放到一起来看，管理者在组织发展中应当提高警惕，在问题没发生之前就要高度重视，并将它扼杀在摇篮里。

那些处在事业高峰的管理者往往因为觉得自己在商场上摸爬滚打多年之后积攒了不少经验，很容易出现过于自信的心理，在问题发生的时候预测不到潜藏在背后的危机，哪知道空前的繁荣背后竟会危机四伏。有一个实验可以证明：将一只青蛙放入沸水中，青蛙会立刻跳出来，但是如果将它放到凉水中再不断加热，青蛙会在不断升温的水中死去。这个实验说明了管理者如果不重视企业管理中遇到的小问题，时间一长就会堆积成大问题，对组织的生存和发展会产生很大的影响。

有学者认为，关于企业家特点的标志性词语就是企业家的警觉，也就是企业家能够对企业发展中其他人不能发现的问题具有预见的能力。这种警觉包括6点：对已经变化的环境的警觉，对被忽略的问题的警觉，对机遇的警觉，对未来发展趋势的警觉，对信息的警觉和对不利于自身利益的警觉等。

警觉性决策能力对企业家来说是很重要的能力，它需要企业家制定完善的经营发展战略，尽力避开危机，在一定程度上将风险降至最低并减少公司的经济损失，其中包括禀赋警觉和职业警觉。一个优秀的企业家应当在努力挖掘自己的决策能力的同时培养自己的职业化决策水平。

禀赋警觉是指企业家自身带来的一种能力，是一种天赋，没有人能够模仿，因为它是独一无二的。人们常说某人是哪方面的材料，指的就是人的这种禀赋能力。

有一个故事：迪克和莫里斯两兄弟在加州开了一家烧烤餐馆，在经营中他们发现，顾客在用餐的时候不愿意等待，于是在1948年底建立了麦当劳，此后，快餐渐渐走进人们视野，并很受大众的欢迎。快餐为顾客节省了时间，价格也很划算，而且既方便又快捷。

兄弟俩的生意越做越大，后来一个叫克罗克的销售商预见到了麦当劳的经营范围将会持续扩大，于是买下了餐馆在美国的经营权，麦当劳的发展果真如他所料想的一样，他又买下了世界经营权。直至目前，每天都会有3000多万人光临麦当劳。麦当劳两兄弟的构想的确让人佩服，但克罗克抓住了难得的机遇，他正是因为具有过人的警觉并勇于实践才得以有如此傲人的事业。

职业警觉是对新事物的敏锐感知和适应能力，它是一种企业经营的专门化能力。有一位欧洲来访者曾这样写过关于美国人的警觉：在美国，新的事物很快被接受，人们对旧事物也无从留恋，喜新厌旧，美国人对各种新鲜的发明都迫不及待。

来看一个关于警觉性决策的经典案例，是人们熟知的美国“罐头大王”亚默尔的故事。

1875年的一天，亚默尔看到一条新闻，说的是墨西哥的牧场出现了生病的牲畜，有专家认为这很可能会引来一场瘟疫，而亚默尔想到的是与墨西哥相邻的加利福尼亚和得克萨斯的肉类供应基地很有可能由于政府控制瘟疫扩散，而使肉类供应紧张，导致价格上涨。于是他从其他地区采购了大量的牲畜和肉类运往这两地，果然，后来政府禁运控制瘟疫，肉价大幅提高，而亚默尔因为这场瘟疫获利不少。

除了禀赋警觉和职业警觉之外，还有哪些是企业家应当具备的警觉呢？

首先，企业家要精准地预见未来经济发展的走向，迅速抓住近在眼前的机遇。古人曾说过一句话：“虽有智慧，不如乘势；虽有镃基，不如待时。难得而易失者时也，时至而不旋踵者机也，故圣人常顺时而动，智者必因机以发。”就是说有智慧也要有机遇，智慧易得而机遇难得。

其次，企业家要抓住少有人重视的利润机会，它不那么容易被发现，只有警觉性高的企业家才能从中看到机会。企业家还要能够适当避开经营者经常出现的错误，为公司减少不必要的损失。

对于决策者来说，最重要的就是具有从小现象预示大变动的警觉。气象学家曾发现，气候的多变是由于它是一个敏感的系统，一个地方的任何一点微妙的改变都有可能在另一个地方引起翻天覆地的变化。就比如巴西的一只蝴蝶扇动翅膀产生的气流导致美国得克萨斯州出现了一场巨大的龙卷风，这就是著名的“蝴蝶效应”。还有一句西方谚语是这样说的：“蹄钉缺，马蹄瘸；马蹄瘸，将军折：将军折，战事歇；战事歇，王国灭。”说的是一匹战马，由于在作战时马蹄铁上少了一根钉子而导致国家的灭亡。或许有人觉得这是危言耸听，但在激烈的市场竞争中，一个不起眼的小细节就有可能给企业带来无法挽回的灾难。

第十三章　管理的智慧

——追寻古人的脚步

中国文化源远流长，古代圣贤留给我们的文化值得我们反复地推究研讨，如果能够从中体会哪怕是一点点的智慧，都会对我们的事业或是人生起到不可估量的作用。孔子曾说：“与善人居，如入芝兰之室，久而不闻其香，即与之化矣。”面对古人流传下来的经典，我们也会“如入芝兰之室”，沾染一定的芳香。一切都在探寻中，亦都在个人的修行中。

从《论语》中体会管理的艺术

孔子弟子众多，前后有3000人拜在孔子门下，其中出现了不少杰出的人才。《论语》记录了孔子与弟子们的谈话，在漫长的封建时代里，它几乎成了帝王将相治国的首选材料。《论语》中也同样包含着治理企业的智慧。

孔子强调法治，主张每个人都要遵守自己的行为准则，小到家庭大到王朝，必须建立完备的司职体系。中国在封建王朝的统治下，经历了久远的专制集权制度，人民没有权利可言，王侯将相独揽大权，没有人敢违逆皇帝的指令。

然而，孔子强调必须让一部分权利归于民众，让他们学会自治一方，而不是将权利紧紧地攥在上层手中，适当地放权会更有利于社会的发展。制度对社会就犹如人体内的骨架，除了血液的流通，还要有支撑的东西存在。

孔子的思想主张以“仁”为主，“老吾老以及人之老，幼吾幼以及人之幼”，人非草木孰能无过，大事化小小事化了达到天下和谐平安是孔子的志愿。如果在部下犯了错误时，领导者不加以劝诫反而痛斥贬低，那么这件事情就会在部下心内留下很深的烙印，领导者的策略也没能达到效果的。

一个领导者管理人员，应当具备海纳百川的气度，体贴下属，在下属犯了错误时应给予帮助而不是斥责。我们能够通过孔子的言论看到，这位管理者的态度就是“仁”的体现，不是平常的迁就，而是一种涵养。

曹操善于用人，他提倡“疑人不用，用人不疑”的理论，他对人才的渴求是历史上出了名的。孔子在周游列国时，经常荐举贤能，一旦有埋没于民间的人出现，便会向上推荐。因为自己曾经有不被重用和受到排挤的经历，孔子深刻地了解抱负无法施展的痛苦，在浪费了无数的时光后，他致力于帮君王选拔人才，让每个人各得其所。

但是他也并非强迫别人出仕，如果此人志在隐居，就尊重他的选择并报以祝福。如果在人生途中，某人极有治国之道，却苦于机会没有降临，那么孔子才会倾尽全力给予帮助。

千里马常有，而伯乐却不常有，能够发现别人的才华也是一种才能。孔子挑选贤能才子的标准在于自己目睹的表现，如果一个人没有表现出来才能，那只能证明他时机未到，并不能以片面之词做出决定。

王国维曾提出读书的三层境界：“昨夜西风凋碧树，独上高楼，望断天涯路”，此乃一层境界，“衣带渐宽终不悔，为伊消得人憔悴”此乃二层境界，“众里寻他千百度，蓦然回首，那人却在灯火阑珊处”却是第三层境界。王国维从古诗词中看到了人生不同的三个阶段，而《论语》中也暗藏着管理者应当经过的三层境界。

“学而时习之，不亦说乎？有朋自远方来，不亦乐乎？人不知而不愠，不亦君子乎？”这是我们常能见到的《论语》片段，然而它也可以看作是对管理学的解读。

首先，“学而时习之，不亦说乎”指在学习中不能放弃生活中的实践，要让实践和学习相结合，二者缺一不可。“学”的本意是“觉也，效也”，“习”乃实践之意，重点在于“时”字，它不是教导大家每分每刻想着实践，而是选对时机再去实践。

其次，“有朋自远方来”指热情地欢迎远道而来的客人。然而，如果近旁的人不为你所动，远方的人怎会跋山涉水来看你呢？在管理学上亦是如此，如果没有内部员工满意度的最大化，很难实现产量的增长和质量的攀升，顾客的满意度也将随之降低。所以，管理者如要做出改革，应当从内部调整做起。

最后，“人不知而不愠”，虽然外人不理解真实的自己，甚或曲解自己，也不会感到怨恨。这是最后的一层境界，也是最难达到的一层境界。作为一名管理者，因为要维护整体的秩序，必然会得罪下属，遭到他人背后的诋毁，然而，还是要向第三层境界进发，达到“人不知而不愠”的地步。

刘邦杰出的“识人术”

汉高祖刘邦胸怀宽广志向远大，令许多人才投靠在他的帐下，为他建立汉朝立下了汗马功劳。

刘邦帐下出名的三位英杰，韩信、张良、萧何都是人中龙凤各有所长，他们之所以甘愿为刘邦效命，都源于刘邦能够找出他们的长处，将他们安排在合理的位置上。韩信战无不胜、所向披靡，在战场上无人能敌，刘邦就安排他担任大将军统领千军万马。张良擅长出谋划策，能够比他人预想得更为深远，于是刘邦让他担任军师，成为争霸天下的幕后操盘手。萧何的长处在安定国家、安抚百姓，所以刘邦任命他为宰相，留在朝中掌管各类大小事务。如此看来，刘邦并非全能领导，而是善于整合人才，为自己所用，这也是他能够获得楚汉战争胜利的原因。

众多仁人志士愿意辅佐他的原因在于，人们可以在擅长的领域将自己的能力发挥到极致。刘邦用人并非盲目听从他人的意见，而是凭借着自己的观察做出选择与安排。陈平和张良的经历便是刘邦成功运用人才的典型事例。

陈平计谋多，脑筋灵活，能够在危急时刻想出应对的办法。他临场应变能力强，越是情况紧急越能够体现出他的聪明机智。韩信当初想要掌管兵权，担任齐王，盛怒之下的刘邦打算把他的使者骂个狗血淋头，但是在一旁察言观色的陈平当即制止了刘邦，并在刘邦耳后说了几句，从而使刘邦改变了主意。当时如果刘邦继续大骂，恐怕历史上就没有汉高祖这一号人物了。正是因为陈平具有这种应变能力，刘邦始终将他留在身边，替自己出谋划策。刘邦遭遇荥阳之困时，沉稳平和的张良也想不出策略，还是陈平略施计谋，将刘邦救出。

张良高瞻远瞩，善于制订长远的规划，所以，对刘邦来说张良犹如左膀右臂不可或缺。张良在许多关键环节为刘邦提供了办法和后路，其中最著名的当属鸿门宴一事。秦末，项羽和刘邦同为抵抗秦朝的将领，二人在军事实力上却有很大差距。为了斩除刘邦，项羽在鸿门设下了宴席，假意邀请刘邦前往，并准备在宴会上加害于他。然而，张良和项羽的叔父项伯有交情，项伯早已将消息透露给了刘邦，之后在张良的精心策划下，刘邦成功逃了出来。

成皋之战，是西楚霸王项羽和汉王刘邦围绕战略要地成皋而展开的一场决定汉楚兴亡的持久争夺战。在这场战争中，刘邦在张良等谋臣的建议下，采用不同的战略，促使项羽损兵折将。

成皋之战是楚汉战争的转折点，鸿沟协议签订后刘邦准备撤回关中，张良和陈平极力劝阻，制订了战略进攻的计划，垓下之战击败了项羽。

算无遗策的贾诩

三国时期，曹操为决定继承人苦恼不已，两个儿子各有其才，这让他难以做出决定。曹丕工于心计，善于求援且尊重元老重臣。曹植才华横溢，文学精湛，他的《洛神赋》与《七步诗》流传千古。曹操原本心向曹植，若非贾诩暗助曹丕，接位的恐怕会是曹植了。这其中贾诩的话起到了决定性的作用。曹操尊重贾诩的聪明能干，将他作为心腹看待，于是便向他询问继承人的问题。贾诩却笑而不语。在曹操的追问下，贾诩说道："思袁本初、刘景升父子也。"正是因为贾诩的这句话，曹操最终选择曹丕为太子。

官渡之战时，袁绍与曹操对垒。袁绍想要招降张绣作为外援，一起对付曹操。张绣想要投靠袁绍，贾诩故意抢先发话对袁绍使者说："归谢袁本初，兄弟不能相容，而能容天下国士乎?"这番话使张绣措手不及。最后，他听从贾诩的话，投降曹操。贾诩一生漂泊，总算遇到明主了。曹操高兴极了，表贾诩为执金吾，封都亭侯，迁冀州牧，因还未平定袁绍，就留在曹军营里当高级参谋。后来贾诩又为曹操对付割据军阀出过三策。一策是对付袁绍时，因曹军军粮将尽，他劝曹操集中兵力攻击袁绍，大胜。二策是在曹操征讨荆州胜利，乘胜进攻东吴孙权时，贾诩劝告曹操先在荆州安民，收抚人心，巩固胜利成果后，再对付东吴势力。但是曹操没能采纳他的计策，结果在赤壁之战中大败。三策是在对付韩遂与马超时，贾诩建议曹操假装接受马超的求和，用离间计破坏韩遂与马超的同盟，大败韩、马。

先前董卓讨伐京都时，贾诩担任董氏集团中的讨虏校尉，跟着董卓的亲信大将牛辅屯兵关中。董卓被王允、吕布杀害后，董氏集团剩余部属都被吓得魂飞魄散，校尉官李傕、郭汜、张济等欲告老还乡，各自安身立命。贾诩劝告想解散的众人说，如果大家散伙，那些敌对势力轻而易举便能剿灭我们。如果大家齐心协力，率兵攻入长安，还能有一线生机，一能为董卓报仇，二能控制朝政，讨伐不臣。如果行不通的话，我们还能保存实力，留条退路。这番话一语惊醒梦中人，得到了董氏集团残余分子的赞同。他们杀进长安，打跑了吕布。贾诩任职左冯翊，李傕想要封贾诩侯爵，贾诩被推却了，说此救命之计，何功之有。此后，贾诩又任职尚书仆射、光禄大夫、宣义将军等要职。

贾诩在年轻的时候，并不知名，算得上是个默默无闻之辈。只有汉阳有个叫阎忠的欣赏他的才能，说贾诩有张良、陈平的能力，评价相当高。贾诩进入仕途之后，因身体有恙，无法继续在朝中工作，便卸任回家。当他与其他人结伴行于道中时，碰到叛乱的氐人，所有人被劫持。贾诩为保性命，便胡扯说他是太尉段颎的外孙，请求放他一马，段家会出大笔财物来赎他的。氐人对段太尉很是敬畏，所以释放了本该被处死的贾诩。这表明贾诩自年轻时期便聪明绝顶，临危不惧。

以德服人的唐太宗

唐太宗在位时期是古代中国最繁盛的时期之一，由他开创的“贞观之治”，让唐朝的文明更上一层楼。关于他广收天下贤士的传闻屡见不鲜，这也成为他治国成功的原因之一。

每个皇帝身边都免不了溜须拍马之人，他们像苍蝇一样围绕在权力周围，只为得到自己的一份俸禄。许多智力平庸的君王，往往都会陷在受人吹捧的“温柔乡”中难以自拔，最后导致国破家亡，祖宗基业毁于一旦。

唐太宗深信“水能载舟，亦能覆舟”的古训，坚守“兼听则明，偏听则暗”的道理，善于选贤任能，培养直谏的气氛，集思广益，共商国策。唐太宗以善于纳谏闻名千古，不以高姿态对待下士，自身具有杰出的才能也不轻易否定他人的谏言。

只有具备良好自信心的人才能够包容更为杰出的人才，一个人只有首先管理好了自己，才能够更好地管理他人。

唐太宗曾经将《谏太宗十思疏》作为执政的座右铭，那是当时的谏议大夫魏征写的谏言，它尖锐地指出唐太宗在10个方面的过错和缺点，太宗看后非但没有气恼，反而更加重视这位勇敢的贤臣，并让他担任大臣。魏征向太宗进谏，前后多达200余次，不仅在唐朝休养生息、注重教化、完善郡县制度等国家大政方面提出正确的见解，而且经常对唐太宗的缺点和不足犯颜直谏。

魏征离世时，唐太宗不由喟叹道：“以铜为镜，可以正衣冠；以古为镜，可以知兴替；以人为镜，可以明得失。魏征没，朕亡一镜矣！”

唐太宗建立一套专门的谏言系统，对于敢于谏言的大臣备下丰厚的奖赏，每隔一段时间，谏臣们就要开一次围炉会议，每个人都被赋予了进谏的权利，连最底层的官员都可以直接向皇帝进言献策。

当时有位将军名叫常何，因想不出合适的谏言，苦恼不已，便让手下名叫马周的人为他出出主意，马周当即为他写下了20多条谏言。之后，唐太宗见到此项谏言，要求会见马周，二人促膝长谈大有相见恨晚之感。

唐太宗将得人心作为执政根本，广纳天下寒士，为他们提供施展才华的机会。许多德才兼备之人闻讯前来，长安成了贤才们的朝圣地。

唐太宗对于曾经背弃他，或是一开始反对他的人，也能化干戈为玉帛，只要有值得令人敬佩之处，便委以重任。历代皇帝执掌大权之后，首要任务就是剔除异己，不过，唐太宗却我行我素，坚守自己的原则。魏征等人的事例，显示出唐太宗过人的胆识和眼光。

“疑人不用，用人不疑”，无论什么样的人，唐太宗都会以诚相待，付出真心。“士为知己者死”，这也应该是贤才们愿意为了唐太宗倾尽全力的原因所在。

唐太宗善于观察人的不同资质，各尽其用而非盲目滥用，他懂得如何将人的优点发挥到极致，让他们在自己擅长的领域发光发亮。他像是搭积木一般，利用人才不同的棱角，搭建出一座坚固的堡垒。

曾国藩的“惟才论”

曾国藩在晚清时期组建了湘军，这支队伍训练有素，是当时对抗太平军的主力军队。正是曾国藩过人的管理才能，以及手下部属的严格遵从，才使得湘军所向披靡，勇往直前。曾国藩管理人才的秘诀在于，整合手中的资源，收纳不同的人才，将权力分配给部下，让他们为自己创造功勋。

他在选拔人才上，从不为亲戚留后门，只看重真材实料，如果有哪位亲戚想要讨一门差事，除非他才干过人，否则难以让曾国藩点头答应。他深知，处理好身边的亲戚关系，是做好管理工作的重中之重。

如果在一个大型公司中，某个人做到了总裁的职位，他的亲友却不体谅他的辛苦，反而要求安排他们，那么这些亲友便是无理胡闹之人。掌管一个团体的管理者，如果对自己的家族都轻易懈怠，那么要管理其他人可谓无稽之谈。曾国藩便常常告诫曾国荃等人，才能低劣的人，即使是至亲密友，也不宜久留，怕的是贤者不愿意与其共事。

曾国藩有位表亲，曾在他没有发家的时候，变卖资产为他筹集学费，供他进京赶考。这位表亲的恩德，曾国藩一直未曾忘记，后来他曾屡次帮助他们改善生活。这位表亲去世后，家里唯一单传后代便投奔他而来，但曾国藩这位表弟做事能力不足且好吃懒做，丝毫没有上进心，还经常在外夸耀自己是曾国藩的亲属。于是，曾国藩将他送回了家乡，虽然他铭记着这位表弟的父亲曾待他不薄，但是原则不容轻改。

曾国藩之所以这么做，原因在于他深知以亲疏远近选拔人才，日后会让自己声名狼藉不说，还会让整个选拔系统为之崩坏。如果以才能为标准选拔才干，才会让真正的金子发光发亮，而不是不幸地埋没土中。以前者为条件进入仕途的人，通常都不能做出实际的作用，反倒让贤才丧失了宝贵的机会。

但这并不代表着要一味地排斥亲族密友，坚持原则在于不分远近，只要有真实才干，能够担当重任，均可重用。历史上善用人才的唐太宗，他的部下就包含了各类不同来源的人才，从一介平民到进士及第，也有皇亲贵族，其中就包括了皇后的弟弟。这表明，真正有智慧的人，往往都坚持以才华为选拔人才的主要标准。

曾国藩从组建湘军开始，便网络各色人才，他没有门第观念，也不区分民族，由于他德高望重，礼贤下士，许多人才陆续来到他的幕僚之中，在战争中期，他的幕僚团体逐渐壮大，具备了一定的声势。

曾国藩的幕僚可谓人才济济，各类人员纷至沓来，不同领域的杰出人才都愿效忠于他。各地的贤才不远万里来到曾国藩幕下，据考察共有九个省的人才。这些人有的研究农业，有的专攻军事，有的掌管行政，还有的专门负责后勤，曾国藩均一视同仁，给予他们丰厚的待遇。

他喜好和帐下幕僚们面对面地交谈，让他们当面指出自己的缺点和经手事务中的不当之处，培养了幕僚们敢于直言的行事作风。以往的上下级关系普遍僵化，大臣们想要建言，都需要在文书上写好内容，层层传递呈给皇帝。而曾国藩则摒弃了此类烦琐程序，更好地改善了上下级关系。

他的幕府中各类人才聚集，既有名满朝野的大臣，如李鸿章、左宗棠等后来的封疆大吏，也有像薛福成、郭焘嵩、黎庶昌等中国第一批外交官员，更有为近代中国科技发展做出贡献的科学家李善兰、华蘅芳、徐寿、徐建宾等人。

有了这些各具特色的能士的辅佐，曾国藩的团体发挥出绚丽的色彩，令其他团体黯然失色。

曾国藩的部下“几于举全国人才之精华，汇集于此”，由于幕府人才众多，涉猎广泛，因此曾国藩成了当时清王朝的中流砥柱。曾国藩善于整合众人的智慧，为自己所用，所以他能够带领湘军成就一番功业，可谓是一代名臣。

从管理学角度解读《西游记》

《西游记》作为我国古代四大名著之一，唐僧师徒四人之间不同的性格特征一直为人们所津津乐道，这也成了管理学人士研究团队合作的实用案例。唐僧作为领导者，带领三个徒弟西天取经，一路上波折无数，经历了九九八十一难，最终取到真经修成正果。从结局来看，这个四人团队可谓是成功的，那么他们四人究竟都担负着什么样的责任呢？

唐僧志向崇高，面对失败不轻言放弃，对自己的目标执着坚定，认准一个方向就会坚持到底。他担当着取经团队的组织者、领导者，是受唐太宗之命前往印度的文化使者，但作为管理者，他也有不及人的地方，例如他是位手无缚鸡之力的出家人，道行上连白龙马都比不得。

唐僧手下有位志高艺强，不愿服从组织纪律的人物，他就是孙悟空。再德高望重的人，也怕是收服不了大闹天宫的齐天大圣，但是观世音菩萨偏偏给了唐僧紧箍咒，让他有了降服孙悟空的能力。

领导者手中通常都有奖惩权，那就是唐僧的紧箍咒，必要时发挥它的效用，但不能像吃顿饭一样，动不动就挥霍。唐僧也懂得善用菩萨给予的能力，只在万不得已的情况下，才叫孙悟空尝尝苦头，孙悟空吃了苦头也不觉得愤懑，深知师父乃不得已而为之。所以，领导者即使实行惩罚权，也要有理有据。

尽管唐三藏有坚定的信念和惩罚孙悟空的紧箍咒，但他也是个有情有义的人。孙悟空一开始被困于五指山下，唐僧将他收为徒弟，他才得以重获自由，唐僧还是第一个真心关心他的世人。电视剧中，师徒二人相拥的场景如今仍然历历在目。在唐僧的感化之下，孙悟空才决意护送唐僧去取经，虽然刚开始两人之间有些隔膜，但危机时刻二人仍体现出深厚的感情。这说明作为一个管理者，需要体贴下属，做好情感投资，让下属能够在团队中愉悦和畅。

这一团队中最具才干的非孙悟空莫属。企业和公司正需要像他一样精明能干、贡献突出的人才。孙悟空不仅有着一身的本领，他还喜好路见不平拔刀相助，不能容忍平民百姓受到欺压，也是位古道热肠的侠义之士。他对待师父，更是忠心耿耿，绝无二心。

在这一团队中，最让人开怀大笑的莫过于高老庄的准女婿猪八戒了。在唐僧和孙悟空发生冲突时，总是八戒从中进行调和，他的一句“不行就各回各家吧”，立刻就能激发大家的凝聚力。他还敢于直接揭露孙悟空的错误，给管理者唐僧一定的辅助，对唐僧牵制孙悟空有一定的作用。八戒喜欢吃喝玩乐，无形中给大家形成一股欢快的氛围，能让大家保持前行的愉快心情。他秉性质朴、憨直，在跟从唐僧的路途中，也曾想要回到高老庄，但他从未真正行动过，遇到妖怪也从未退缩，对待师父一心一意。

在《西游记》中，人们对于沙僧的形象大多停留在忠厚老实上面，但他在整个团队中的分量依然不可或缺。如果说一个团队需要掌管大权的人才，那么同样需要管理后勤的人才，沙僧就是其中之一。沙僧放到当代社会，可以说是客户服务代表的专门人选，他任劳任怨，没有半句气馁之语。面对师傅，他忠心耿耿，不辞辛苦地为他化斋取水。面对同伴，他团结友爱，始终尊敬两位师兄，当他们犯了错误，也不会瞒住不说。所以，每个团队都需要各种各样的不同的人才，而沙僧这样的人物，需要将他安排在恰当的位置上，发挥他的主观能动性，让他感到自己存在的价值。只要找对了方向，那么他就会为团队创造非同一般的功绩，他可能在一段时间内没有醒目的表现，但经过长久的磨砺，一定会放出光彩。

唐僧团队每个成员各具特色，在不同的领域绽放着光芒，是难得的成功组合。唐僧德高望重，体贴下属；孙悟空本领高强，个性突出；八戒开朗好动，是团队的开心果；沙僧任劳任怨，心细如发。所以，他们能够取得真经自有一番道理。